欧亚历史文化文库

总策划 张余胜

兰州大学出版社

隋唐帝国与东亚

丛书主编 余太山

〔日〕堀敏一 著 韩昇 刘建英 编译

图书在版编目(CIP)数据

隋唐帝国与东亚/(日)堀敏一著;韩昇,刘建英
编译.—增订本.—兰州:兰州大学出版社,2010.4
(欧亚历史文化文库/余太山主编)
ISBN 978-7-311-03527-3

Ⅰ.①隋… Ⅱ.①堀… ②韩… ③刘… Ⅲ.①中
外关系—国际关系史—东亚—研究—隋唐时代
Ⅳ.①D829.31

中国版本图书馆 CIP 数据核字(2010)第 055903 号

总　策　划　张余胜

书　　　名　隋唐帝国与东亚
丛书主编　余太山
作　　　者　〔日〕堀敏一　著
　　　　　　韩　昇　刘建英　编译
出版发行　兰州大学出版社　（地址:兰州市天水南路 222 号　730000）
电　　话　0931-8912613(总编办公室)　0931-8617156(营销中心)
　　　　　　0931-8914298(读者服务部)
网　　址　http://www.onbook.com.cn
电子信箱　press@onbook.com.cn
印　　刷　兰州人民印刷厂
开　　本　710×1020　1/16
印　　张　12.75
字　　数　170 千
版　　次　2010 年 7 月第 1 版
印　　次　2011 年 7 月第 2 次印刷
书　　号　ISBN 978-7-311-03527-3
定　　价　38.00 元

(图书若有破损、缺页、掉页可随时与本社联系)

出版说明

　　随着 20 世纪以来联系地、整体地看待世界和事物的系统科学理念的深入人心，人文社会学科也出现了整合的趋势,熔东北亚、北亚、中亚和中、东欧历史文化研究于一炉的内陆欧亚学于是应运而生。时至今日,内陆欧亚学研究取得的成果已成为人类不可多得的宝贵财富。

　　当下,日益高涨的全球化和区域化呼声,既要求世界范围内的广泛合作,也强调区域内的协调发展。我国作为内陆欧亚的大国之一,加之 20 世纪末欧亚大陆桥再度开通,深入开展内陆欧亚历史文化的研究已是责无旁贷;而为改革开放的深入和中国特色社会主义建设创造有利周边环境的需要,亦使得内陆欧亚历史文化研究的现实意义更为突出和迫切。因此,将针对古代活动于内陆欧亚这一广泛区域的诸民族的历史文化研究成果呈现给广大的读者,不仅是实现当今该地区各国共赢的历史基础,也是这一地区各族人民共同进步与发展的需求。

　　甘肃作为古代西北丝绸之路的必经之地与重要组

成部分,历史上曾经是草原文明与农耕文明交汇的锋面,是多民族历史文化交融的历史舞台,世界几大文明(希腊—罗马文明、阿拉伯—波斯文明、印度文明和中华文明)在此交汇、碰撞,域内多民族文化在此融合。同时,甘肃也是现代欧亚大陆桥的必经之地与重要组成部分,是现代内陆欧亚商贸流通、文化交流的主要通道。

基于上述考虑,甘肃省新闻出版局将这套《欧亚历史文化文库》确定为2009—2012年重点出版项目,依此展开甘版图书的品牌建设,确实是既有眼光,亦有气魄的。

丛书主编余太山先生出于对自己耕耘了大半辈子的学科的热爱与执著,联络、组织这个领域国内外的知名专家和学者,把他们的研究成果呈现给了各位读者,其兢兢业业、如临如履的工作态度,令人感动。谨在此表示我们的谢意。

出版《欧亚历史文化文库》这样一套书,对于我们这样一个立足学术与教育出版的出版社来说,既是机遇,也是挑战。我们本着重点图书重点做的原则,严格于每一个环节和过程,力争不负作者、对得起读者。

我们更希望通过这套丛书的出版,使我们的学术出版在这个领域里与学界的发展相偕相伴,这是我们的理想,是我们的不懈追求。当然,我们最根本的目的,是向读者提交一份出色的答卷。

我们期待着读者的回声。

总序

　　本文库所称"欧亚"(Eurasia)是指内陆欧亚,这是一个地理概念。其范围大致东起黑龙江、松花江流域,西抵多瑙河、伏尔加河流域,具体而言除中欧和东欧外,主要包括我国东三省、内蒙古自治区、新疆维吾尔自治区,以及蒙古高原、西伯利亚、哈萨克斯坦、乌兹别克斯坦、吉尔吉斯斯坦、土库曼斯坦、塔吉克斯坦、阿富汗斯坦、巴基斯坦和西北印度。其核心地带即所谓欧亚草原(Eurasian Steppes)。

　　内陆欧亚历史文化研究的对象主要是历史上活动于欧亚草原及其周邻地区(我国甘肃、宁夏、青海、西藏,以及小亚、伊朗、阿拉伯、印度、日本、朝鲜乃至西欧、北非等地)的诸民族本身,及其与世界其他地区在经济、政治、文化各方面的交流和交涉。由于内陆欧亚自然地理环境的特殊性,其历史文化呈现出鲜明的特色。

　　内陆欧亚历史文化研究是世界历史文化研究中不可或缺的组成部分,东亚、西亚、南亚以及欧洲、美洲历史文化上的许多疑难问题,都必须通过加强内陆欧亚历史文化的研究,特别是将内陆欧亚历史文化视做一个整体加以研究,才能获得确解。

中国作为内陆欧亚的大国,其历史进程从一开始就和内陆欧亚有千丝万缕的联系。我们只要注意到历代王朝的创建者中有一半以上有内陆欧亚渊源就不难理解这一点了。可以说,今后中国史研究要有大的突破,在很大程度上有待于内陆欧亚史研究的进展。

古代内陆欧亚对于古代中外关系史的发展具有不同寻常的意义。古代中国与位于它东北、西北和北方,乃至西北次大陆的国家和地区的关系,无疑是古代中外关系史最主要的篇章,而只有通过研究内陆欧亚史,才能真正把握之。

内陆欧亚历史文化研究既饶有学术趣味,也是加深睦邻关系,为改革开放和建设有中国特色的社会主义创造有利周边环境的需要,因而亦具有重要的现实政治意义。由此可见,我国深入开展内陆欧亚历史文化的研究责无旁贷。

为了联合全国内陆欧亚学的研究力量,更好地建设和发展内陆欧亚学这一新学科,繁荣社会主义文化,适应打造学术精品的战略要求,在深思熟虑和广泛征求意见后,我们决定编辑出版这套《欧亚历史文化文库》。

本文库所收大别为三类:一,研究专著;二,译著;三,知识性丛书。其中,研究专著旨在收辑有关诸课题的各种研究成果;译著旨在介绍国外学术界高质量的研究专著;知识性丛书收辑有关的通俗读物。不言而喻,这三类著作对于一个学科的发展都是不可或缺的。

构建和发展中国的内陆欧亚学,任重道远。衷心希望全国各族学者共同努力,一起推进内陆欧亚研究的发展。愿本文库有蓬勃的生命力,拥有越来越多的作者和读者。

最后,甘肃省新闻出版局支持这一文库编辑出版,确实需要眼光和魄力,特此致敬、致谢。

余太山

2010 年 6 月 30 日

目录

导读(韩昇) / 1

前言 / 1

绪论

    如何定义古代东亚世界 / 3

    古代东亚世界的基本结构 / 10

上篇 隋唐帝国与东亚

1 隋代东亚的国际关系 / 23

  1.1 关于册封体制论 / 23

  1.2 隋文帝时期的国际关系 / 24

  1.3 隋炀帝时期的国际关系 / 32

  1.4 东亚史的新阶段 / 40

2 唐初的日唐关系与东亚国际
政局 / 42

  2.1 初期日唐关系与新罗、唐朝
关系 / 42

  2.2 大化革新政权的对唐、对韩
政策 / 49

2.3　天智朝的日唐交往及其背景 / 59

3　日本与隋唐王朝间的国书 / 69

　　3.1　中国与各国交换国书的意义 / 69

　　3.2　日本第一、第二次遣隋使及其
　　　　 国书 / 71

　　3.3　隋朝致日本的国书与日本第三次遣
　　　　 隋使的国书 / 76

　　3.4　唐朝致日本的国书 / 81

4　渤海与日本之间的国书 / 89

　　4.1　中国周边各国给中国的国书 / 89

　　4.2　渤海与日本之间国书的格式 / 92

　　4.3　渤海与日本之间国书的内容
　　　　 ——兼论高句丽继承国的意识 / 101

下篇　东亚世界的人口流动与制度文化的传播

5　魏晋时期的人口流动
　　——日本的外国移民问题的背景 / 113

　　5.1　中国的人口迁徙 / 113

5.2　向朝鲜半岛的移民 / 118

5.3　人口迁徙的形态和作用 / 125

6　中国律令制度在东亚的传播 / 134

6.1　学习中国律令的必要性 / 134

6.2　引进并建立中国式律令体制的
　　　进程 / 134

6.3　各国律令体制的特色 / 137

7　在唐新罗人的活动与日唐
　　交通 / 142

7.1　古代民间的国际交流 / 142

7.2　圆仁所描绘的在唐新罗人及其
　　　自治 / 143

7.3　新罗人的海上活动与日唐
　　　交通 / 150

7.4　在唐新罗人的后裔 / 160

索引 / 165

导 读 (韩昇)

一

　　2007 年夏天,堀敏一先生突然去世了,走得非常突然。一周前,我刚刚收到他的来信,想来他给我寄信之后旋去世,我手边的这封信也许是他人生的绝响,嘘唏不已。

　　堀敏一治学极其勤奋,早年出版了《均田制研究》、《中国古代的身份制——良与贱》和《中国古代的家与集落》,构成了他研究中国魏晋隋唐史的体系,亦即从国家对社会生产关系的控制切入,逐步拓展开来,研究国家对社会,进而发展到对个人的控制,以及社会基层组织的变迁,其目的在于实证性地揭示中国魏晋隋唐社会的性质及其存在形态。与此相辅相成的是研究隋唐帝国在世界的存在形式,及其建构的东亚世界的内在关系。所以,对东亚世界的研究构成了堀敏一史学的重要一翼。如此大视野的深入研究,使得堀敏一成为日本战后研究中国隋唐史的领军人物之一。

　　日本的中国史研究,影响最大的首先当推东京大学和京都大学。这两所日本最早建立的近代学制的大学,从一开始就网罗了一批著名学者,打下了深厚的学术基

1

础;此后,各自的学统薪火相传,直至现在。堀敏一毕业于东京大学,师承山本达郎与和田清,毕业后到明治大学任教。我在 1991 年曾经在明治大学担任客座研究员,当时,明治大学的中国史研究有堀敏一和神田信夫两位著名的学者撑起大梁,在东京却也令人刮目相看。不久,他们两位都退休了,气贺泽保规从地方大学转入明治大学,接堀敏一的教席,在东京引起不小的震动,大家也只能期盼明治大学的中国史研究能够赓续下去。堀敏一本人则在退休后,笔耕不辍,不断推出新著,继续给明治大学的中国史研究以强有力的支持。他最后一部未完成的书稿,就是《东亚世界的历史》,由此可知他对东亚世界的重视。

因为写作的关系,他把家从东京郊外搬到了市内文京区,为的是靠近日本著名的汉籍收藏与研究机构东洋文库,方便查阅资料。他走的那一天,依然埋头写作,临时想起要查一条材料,便到附近书店翻书。毕竟是八十多岁的人,体力不支倒下,送到医院抢救,已是回天无术。从考入东京大学学习中国古代史以来,他就一直坚守这片领域,站在学术前沿。他倒在学术的阵地上,用手中如椽之笔,给自己的人生画上了圆满的句号。但是,他这一走,在一定意义上标志着日本战后一代的中国史研究的落幕;对于明治大学而言,更是无法弥补的损失。曾经为霞满天的壮丽成为追忆,触目可见的凋零,令人嘘唏不已。

二

堀敏一,1924 年出生于日本风景秀丽的静冈县。他上小学那年,爆发了震惊世界的"九一八事件"。在血腥残忍的战争年代里,他度过了求学的青春岁月。经历过战争的劫难和战败的彷徨,目睹了各国民族独立运动的勃兴,作为战后第一代史学家,堀先生奋起于清算帝国主义史学的第一线,批判狭隘的民族主义。正因为此,他始终坚持以联系的观点,从世界历史发展的大局,去探索中国古代社会的基本结构,从理论和实证方面批判了中国社会停滞论,撰写了《均田制的研究》、《中国古代的身份制——良与贱》等鸿篇巨制,给日本史学界以莫大的影响。另一方面,堀先生也反对抹杀东亚社会的特点,认为东亚世界存在着自身发展的特殊性,并以此影响和汇入世界历史的洪流之中。广阔的视野,宏大的规模,对普遍性和特殊性的精确把握,以及对历史进程的动态性缜密研究,无不表现出其史学研究的特色。

他们这一代学者,有一个共同的特点,就是汉文根基甚好,对中国古代文献读解无碍,并不靠字典来揣摩文意。日本在江户幕府时代实行"锁国"政策,力避与西方的往来,却致力于消化中国文化,故形成了又一次影响深远的汉学高峰。承此汉学余绪,明治维新以后全面采纳西学规范的历史学,其骨子里依然是汉学和清朝考据学的传统,非常注重汉文的解读,文献功底相当扎实;同时又采纳西学的优点,成功地将东方学术传统与西方学术规范结合在一起。东方传统的文献学修养,大概赓续至堀敏一这一代学者,他们自幼诵读古书的汉文教育方式,同新式语文教学有着明显的差异。

另外一个特点,来自他们自身的经历。这一代学者都亲身经历过第二次世界大战,战争期间,他们也曾经狂热并支持战争。日本投降后,他们开始对这场给世界带来巨大浩劫的侵略战争进行反思,同时,也对战前服务于侵略战争的皇国史观及其历史教育进行清算。这段经历给他们的历史研究带来了非常深刻的影响,表现为注重把理论和实证相结合,致力于揭示社会的本质及其发展的特点,力图站在民主和平等的立场上重建史学。因此,其历史研究具有批判的锋芒和思考的深度,在借鉴西方史学理论的同时,十分注意发现东方社会的特点。这一点又使得他们改变了战前"脱亚入欧"的思维方式,能够平等地看待亚洲国家,用谦虚的态度比较客观地研究日本同亚洲国家的关系。

这是非常重要的转变,也是战后日本历史学研究能够取得显著进展的根源。因为自"甲午战争"之后,日本自视为亚洲强国,视亚洲为停滞落后的地区,同"发展""先进"的日本成为对照,故日本一方面要"脱亚入欧",另一方面则要统治亚洲。这种自我美化的理论,同皇国史观相结合,成为日本侵略亚洲的理论基础。由此可知,1945年以前的日本史学界,对亚洲抱持歧视的立场。日本投降以后,这种人为编造出来的史观受到批判,日本学术界重新认识亚洲、回归亚洲,努力去揭示亚洲历史发展的基本脉络。在诸多研究中,作为一种有系统的亚洲认识论提出来并形成重大影响的,首先要提的是西岛定生《六—八世纪の東アジア》。[1]后来,西岛定生对其观点进行了系统的历史论证和阐述,先后出版了《中国古代国家と東アジア世界》(东京大学出版会,1983年)和《日本歴史の国際瓏境》(东大出版会,1985年),给日本战后的东亚研究很大的影响,日本学界称之为"册封体制论"。[2]

西岛定生认为,东亚是一个自成体系的、完整的文明区域。这个古代文明以中国为中心,其最重要的内在纽带与特征表现为汉字、儒学、佛教与律令制度。中国周围的东亚国家,受到中国古代文明的强烈影响而积极吸取中国文化,从而形成共同的文化基础,其中表现得最明显的是朝鲜、日本和越南。中国古代帝国通过"册封体制"建立起东亚国际关系秩序,形成同周边国家的君臣关系,而成为这一文明区的领袖。

从西岛定生的论述可以看出,他所强调的是东亚是一个自律的、内在联系紧密的文明区域,同西方文明并立,有着自己的发展规则和历史连续性,不能简单地套用西方文明发展的模式进行解释。因此,他的东亚理论对于战后日本重新认识亚洲,具有重要的意义。根据我的理解,在西岛定生的东亚理论中,册封关系只是联系亚洲各国的一种外在表现形式。然而,由于他本人相当强调"册封关系",更多的学者也围绕着这一联系形式展开讨论,所以,西岛定生的东亚理论很快就被命名为"册封体制论",他本人也使用这一称呼,并乐于接受。其实,这种标签式的命名是颇具危险的简单化做法,也是一种误读,只是日本史学界关于东亚世界的讨论却沿着这条思路展开。最先提出质疑的就是堀敏一。[3]他在西岛定生的观点提出来后,旋做出回应,指出册封不足以涵盖中国古代帝国处理对外关系的形式,册封所反映的更多是刚性的实力运用,而中国古代帝国似乎更强调柔性地应对错综复杂的国家关系,例如唐帝国主要运用的是"羁縻"手段,

〔1〕西岛定生《六—八世紀の東アジア》,载于《岩波講座日本歴史2·古代2》,日本东京,岩波书店,1962年。

〔2〕西岛定生去世之后,其门人将其关于东亚世界的论文整理汇编为《西攵力東アジア史鍋集》(第3、第4卷),日本东京,岩波书店,2002年。

〔3〕堀敏一《東アジア世界史への提言》,载于《歴史学研究》276号,日本东京,1963年。

充分尊重当地民族自治,积极向外输出文化和制度以影响对方,柔软地应对各不相同的国家关系。堀敏一的意见也获得了积极的响应,日本史学界称之为"羁縻体制论"。

堀敏一的"羁縻体制论"是在同西岛定生的讨论中发展起来的。此后,堀敏一进一步深入研究古代东亚世界,撰写了《中国与古代东亚世界》(岩波书店,1993年)、《律令制与东亚世界》(汲古书院,1994年)和《东亚世界中的古代日本》(研文出版,1998年)等专著,从多个角度探讨古代东亚世界的国家间关系和内在联系形式,形成了自己的东亚理论。日本史学界也往往把堀敏一同西岛定生对立起来加以介绍,甚至讨论起他们的优劣长短。然而,这些讨论忽视了最重要的一点,那就是堀敏一和西岛定生都认为古代东亚是一个自成体系的文明区域,在这个根本问题上,他们没有分歧,所以就没有争论,人们也就忽视了它。

在认同古代东亚世界的前提下,堀敏一对西岛定生的批评集中在唐朝同东亚各国关系的形式上,而不是关系的本质方面。也就是说,堀敏一实际上是支持西岛定生的古代东亚世界说的,他也认为古代东亚是一个以中国古代王朝为中心,通过政治、经济、文化等纽带内在紧密联系的世界,只是这种关系的表现形式多种多样。册封只是强调上下君臣关系,属于刚性的表现;而羁縻等所表现出来的对外国的尊重,属于柔性的表现。由于各个时期中国同周邻国家的实力对比不同,故他们的关系并不都是上下君臣关系,也有兄弟关系、甥舅关系,还有向周邻强国纳贡甚至称臣的关系。这确实无法用一种形式去概括。堀敏一强调的是形式的多样性和处理对外关系的柔软性,这两点是对东亚世界理论的重大发展。正是这种多样性和柔软性,大大增强了东亚世界的内在联系及其形成的向心力,从而使其具有了强大的活力和生命力。所以,从根本上说,堀敏一和西岛定生的理论是互补的,他们共同奠定了日本战后东亚世界理论的基础。

堀敏一一直在思考古代东亚世界问题,除了东亚世界内部的关系形式之外,他也在反复思考东亚文明的范围。按照西岛定生的见解,符合汉字、儒学、佛教和律令制度这四大共同要素的国家,包括朝鲜半岛国家、日本和越南等。我们在讨论东亚世界时,尤其在研究迄于唐代的东亚时,基本限于此范围。而且，由于古代越南同东北亚之间缺乏广泛的交往，所以，古代东亚世界的研究更集中于中国、朝鲜和日本的范围内。这几乎已经成为史学界不言而喻的共识了。然而，进一步探究的话，其不合理之处很容易就显现出来。

对于中国古代帝国而言，对国家安全形成重大威胁者都来自北方和西方，所以，国家的对外注意力自然集中于此方向，不但在政治、外交和军事上，甚至在经济和文化的开拓方面，北方和西方都基本居于主要地位。太远的历史不去追溯，就以汉武帝通西域以来而言，以"丝绸之路"为象征的东西文化交流，对东方和西方都产生了巨大而深远的影响。因此，在决定国家对外政策的时候，对北方和西方的考虑也居于主导地位，朝鲜半岛乃至日本处于次要地位。有鉴于此，则把中朝日单独抽取出来作为一个独立的文明区域，显然是很有问题的。堀敏一在《中国与古代东亚世界》一书中已经提到这个问题，但没有作深入的讨论。到了晚年，他将此问题提到更高的高度，深入思考，提出古代东亚世界的范围必须包括同汉唐帝国有着重要关系的民族、国家及地区，不但要将北方、西方包括进来，还必须纳入东亚南，这才构成一个完整的东亚世界。在这当中，因为生产和生活方式不同，交往的形式也不一样，故东亚世界的关系形式就更加显现出多样性来。然而，各种关系形式之间却有着相互影响的关系。

堀敏一的构思是宏大的，符合历史事实，国际学术界也有此认识。以中国来说，中国社会科学院历史研究所余太山教授创办的《欧亚学刊》，就把中亚和东亚都纳入了研究范围之中。有学者质疑堀敏一此见解在学术上的可行性。诚然，每一个研究者的知识都是有限的，博与精从来都是一对矛盾。但是，可行性与理论的正确性是两个截然不同的问题，不能因为研究者难于进行就抹杀理论的正确性。就具体研究而言，每一位研究者依然本着自己的专长展开研究，但是，全局性的知识和宏观视野却不可少。

堀敏一晚年的上述见解非常重要，他在陈述己见的同时，也对海内外诸家之说作了介绍，并且加以评论，作为他最后一部著作《东亚世界的历史》（讲谈社，2008年）的绪论。这篇文字十分重要，所以，本书特地将它翻译出来，作为本书绪论的第一部分，同时将他以前对于东亚世界的总体论述作为绪论的第二部分。对读这两部分,可以清楚地看出其对东亚世界认识的发展过程,同时,也可以了解日本学术界对于东亚世界研究的现状。

三

本书是堀敏一论古代东亚的学术论文的选编,以日本研文社1998年出版的《东亚世界中的古代日本》为基础,再选译其重要的古代东亚世界研究论文,由我编为一册。选文目录获得了堀敏一本人的认同,他还为此书撰写了中译本前言,并亲自与原出版社洽商,授权在中国出版。此后,我又根据堀敏一研究的最新进展,对本书作了增译,同时对原翻译作了订正,呈献给读者。

本书由《绪论——古代东亚世界的基本结构》、《上篇——隋唐帝国与东亚》和《下篇——东亚世界的人口流动与制度文化的传播》组成。《绪论》介绍日本关于古代东亚世界的基本理论及其观点,前面已经作了介绍;《上篇》具体探讨隋唐帝国与东亚关系的变迁,阐述该时期东亚世界国际政治关系的确立以及国际交往的性质与特点;《下篇》则研究东亚世界中的人口流动、律令制度的传播和在唐新罗人对东亚交通的贡献这样三个个案。全书由表及里,从对东亚世界的全局性把握到具有根本意义的国家间政治秩序的形成,进而深入到东亚世界内部,对一些不一定显眼却至关重要的个案进行讨论,使人们对东亚世界的了解更加深入、全面、丰富。也就是说,全书采取由宏观到微观,从政治关系到具体的社会、制度、文化关系,层层深入的结构安排。

《上篇》由4章组成:(1)隋代东亚的国际关系;(2)唐初的日唐关系与东亚国际局势;(3) 日本与隋唐王朝间的国书;(4) 渤海与日本之间的国书。

自从汉帝国崩溃之后,中国的东亚国际政治中心的权威地位逐步丧失,到五胡十六国时代,中原的汉族王朝被推翻,代之而起的是过去受压抑的胡族,以往以汉朝为中心的国际政治关系秩序崩溃了。这种情况一方面促成了周边民族的独立,例如在朝鲜半岛,韩族攻陷魏晋王朝在当地的郡县,建立起了各自独立的高句丽、百济和新罗三国,而日本大约也在此时完成了由邪马台国到大和朝廷的演变,基本实现了国内统一;另一方面,政治权力中心的丧失,也导致了各民族、国家之间以实力为基础的竞争,带来了无休止的战争和唯权力崇拜。

隋朝结束了长达几个世纪的国内分裂状态,重新建立了中央集权的统一王朝。继隋而起的唐朝,更是一个强大而繁荣的帝国,物质与精神文明均达到鼎盛。隋唐帝国的繁荣,不是由中国孤立地实现的,以隋唐为主导的长期的国际和平环境,和各民族、地区、国家的物质与精神文明的源源涌入,是实现唐朝盛世的基本因素。因此,重建以隋唐为中心的国际政治秩序便成为保持国际交往与繁荣的前提,为此,隋唐两代付出了巨大的努力。上篇前两章,就是对这种努力的具体阐述,说明不同于汉朝的新的东亚世界是如何形成的。

在东亚,隋唐帝国重建国际政治秩序所面临的一大阻力,来自高句丽王国。高句丽崛起于晋末,因鲜卑族进入中原造成其对东北地区控制力下降的形势,遂向西扩张,控制了辽河以东的广大区域。由于高句丽地区曾经有四百年左右的时间是中国的郡县,中国文化的根基很深,水平也很高,中国人对其有很深的亲切感。高句丽向西扩张的势头虽然在北魏时被遏制住了,但是,由于历史和文化的渊源关系,高句丽同中国国内政治势力有着颇深的关系,例如在北周武帝统一华北的时候,高句丽就直接出兵支持北齐残余势力高宝宁对抗北周。需要注意的是北周武帝旋去世,不久,北周政权被隋朝所取代。时隔不远,高句丽对于中国政局的潜在影响,一定会给隋朝当局留下深刻的印象。至于高句丽在国际上公然抗拒隋唐王朝,将使得隋唐两代建立国际政治关系秩序的努力付诸东流。因此,朝鲜问题不但关系到中国自身的安全,同时也关系到国际安全环境的建立,无论哪个方面,对于隋唐王朝都是至关重要的——更何况隋唐两代的皇帝都雄心勃勃,充满自负。因此,朝鲜问题必须置于国际环境中进行考察,而这是整个东亚国际关系的基础。作者前两章用颇长篇幅论述一个新的国际关系形成的过程,有着很深的道理。

那么,隋唐两代建立起来的国际关系秩序的性质到底是怎么样的呢?这种关系具有规范性的表现,就是国家间交换的国书。因此,国书问题不是一个可有可无,或者是枝节末叶的考证。作者为此用了两章的篇幅,比较细致地探讨了中国和日本、朝鲜、突厥的国书,还专章讨论高句丽灭亡之后,唐朝与渤海之间、日本与渤海之间的国书,目的在于研究东亚世界内国家关系的演变。

应该说,以上都是日本史学界关于东亚世界研究的主要课题,讨论深入而热烈。堀敏一从中国史研究的角度出发所提出的见解,例如,他指出隋唐对突厥的关系是最为重要的,而日本同隋唐的关系应从隋唐外交大局出发来定位等等,对于日本的国史学界深有启发。

堀敏一提出的问题,对于中国史学界也很有启发意义。他在本书《前言》中强调:

> 我希望大家能够理解的是,我的研究并不是单纯的日中关系史,或日中交流史。我想把包括中国、朝鲜和日本在内的东亚地区,视作具有一定的结构的历史世界来把握。

这种视角、理论和方法,值得我们借鉴。

在历史上,中国强大繁荣、蓬勃向上的王朝,是与世界脉络相通、命运相连的。那种密切的联系,经常超出我们的想象。过于遥远的往世且不去追述,自汉武帝通西域以来,中国一直致力于同世界保持密切的联系。开辟西域和"丝绸之路"的重要性,不能局限于从国防安全和疆域扩张的范围内去理解。通过内陆欧亚,中国文明与地中海文明、印度文明以及北方草原文明建立了广泛而颇具规模的联系。这种联系,既惠及世界,也给中国带来了新的思想、新的刺激,使其开阔眼界,拓广胸襟,而焕发出新的活力,朝气蓬勃。哪怕在"五胡十六国"的动乱年代,众多胡族涌入中原,在血与火的破坏中,也携来了新的风气习俗,甚至是民族的混血融合,汇聚成了兼包并蓄、气势恢弘的唐朝盛世。对这段历史,不能不从世界性的全局视野加以把握。

唐朝因与世界融为一片而引领风骚,同样也因为失去主导国际关系的能力而逐渐衰退。一般认为,唐朝由盛而衰的转折点是"安史之乱",实际上,这种衰退从唐朝在西域战败时已经开始。天宝十年(751),是值得注意的一年。这一年,唐朝先在西域遭到大食(阿拉伯)军的重创,高仙芝统率的三万部众几乎全军覆没,西域这片中西交通的战略要地,逐渐脱离唐朝的控制;不久,唐朝再惨败于东方,安禄山数万大军被契丹歼灭。这些失败标志着唐朝的向外张力已经到达顶点而走向衰落,而此衰落加速了国内各种矛盾爆发的进程,引发了一系列内乱。国际上的失败导致帝国的衰退,许多问题值得我们深思。

显而易见,国际关系与国内政治是互为因果的。因此,研究历史的时候,国际性全局观点不可或缺,尤其是研究汉唐时代的东亚。在这里,我想再次呼吁加强对世界的了解和认识,用"世界中的中国"的角度,以国际性全局视野来观察中国历史,把国际与国内问题有机联系在一起,从社会生活习俗到政治文化体制,在各个层面研究外来文明与本地文明之间的传播、吸收、融合及其演变,以及相应的环境与条件。既要从中国看世界,也要从世界看中国;既要研究中国自身,也要研究中华文化的世界性作用。

四

本书的《下篇》有3章,亦即:(5)魏晋时期的人口流动——日本的外国移民问题的背景;(6)中国律令制度在东亚的传播;(7)在唐新罗人的活动与日唐交通。

在讲日本史的时候,常常可以听到"日本自古以来就是一个单一民族国家"的说法。其实,这是一种视野短浅、心胸狭隘且不正确的观点。在历史上,日本有过非常开放的年代,也有过大量接受外来移民的时期,尤其在其国家形成、国土统一的时期,也就是在中国魏晋南北朝时代。如前所述,中国在国际上的中心地位丧失,曾促使各国国家独立,而对于相对落后的东亚民族来说,建构国家的样板就是中国的政治体制,以及发达的文化与制度。而这些高度文明结晶的东西,并不是听人说说就可以如法炮制的魔术。实际上,这种文化移植是非常复杂、曲折、长期而艰巨的过程。其中,至关重要的是通过人的迁徙来实现文化的移植。日本人类学的研究,无论是体质人类学还是近年兴起的人类基因分析,乃至传统的考古发掘、文献考证,都证明从弥生文化时代至9世纪,有大量的外来移民迁徙到日本。日本学者埴原和郎先生估计,其人数高达百万。以后仍然有大陆人不断迁徙到日本,但已是个别现象,对日本民族的构成不造成影响。

我们知道,从汉武帝以后数百年间,朝鲜为中国的郡县,大量的汉人生活居住于此。五胡十六国时代,汉族政权被胡族所推翻,朝鲜地区的乐浪、带方郡也被攻陷,在民族斗争中,汉人不得不离开中心城市,另觅生路。而且,山东、河北及辽东地区的汉人有相当部分也逃入朝鲜,这些集团性流民,与朝鲜地区的汉人会合,逐步南下,最后纷纷迁徙到日本。

正是这种集团性移民,带来了大陆的技术文化、组织制度等各种知识,并在日本新形成的大陆社会中保存发扬,为日本所采纳吸收,实现了大陆文明在日本的移植。因此,日本古代大陆移民问题,是东亚文明研究的基础,具有非常重要的意义。堀先生专门设章谈人口流动,显示了对此课题的重视。

制度文明的移植,集中体现于法律上。第六章专门研究唐律在朝鲜和日本的传播,以及各国对唐律的修正,揭示了各国社会的不同发展阶段,指出社会发展的差异性是法律体系多样性变化的基础。本章虽然不长,但论述深刻,揭示了东亚世界内部的社会差异性与同一性,相当精彩。

最后一章论述的是在唐新罗人在东亚各国交流上的作用,以及新罗、唐朝海上商业活动,两国海商势力的消长,揭示由古代社会官方占绝对多数的国家间交流向中世社会以民间为主的交往形态的演变,也就是说,国家之间的交流从政治关系为主向经济关系居主导地位的转变,是社会形态演进的外在表现形式。从此,东亚世界进入了另外一个时代。

本书的编译稿在堀敏一先生的直接参与下,经过多次修订,现在要出版增订版了。遗憾的是堀敏一先生已经与世长辞了,不能重新为之作序。为了纪念这位毕生研究中国古代史的学术大家,本书保留他在 2000 年撰写的前言,听听他想对中国读者说的话。增订本是在日本东京完成的,我专门和堀敏一的夫人堀耀子联系,告知此事,她非常高兴,授权在中国出版。余太山先生将此书放在他主持的《欧亚历史文化文库》中,并承兰州大学出版社热情出版,谨此致谢。

前言

　　韩昇先生将我近年来关于东亚世界问题所写的文章介绍到中国,深表谢忱!

　　首先,我希望大家能够理解的是,我的研究并不是单纯的日中关系史,或日中交流史。我想把包括中国、朝鲜和日本在内的东亚地区,视作具有一定的结构的历史世界来把握。

　　我想用这种眼光来研究东亚,主要的理由有两条:第一,东亚是一个包含我的祖国日本在内的世界。只要读一读最早记载日本情况的《三国志·魏志·倭人传》就可明了,脱离同亚洲大陆的密切关系,日本文明的开端就无从谈起。而且,这个时代,在汉帝国瓦解之后,不仅是日本,东亚的各个民族勃然兴起,开始活跃起来。由于这个缘故,中国进入了魏晋南北朝分裂时代。

　　日本国家形成之初,其样板只能是中国。因此,倭国五王向中国江南的王朝派遣使节,以后还派遣了遣隋使和遣唐使,主要是为了学习中国的国家统治方式。当然,派遣使节的不只是日本,从魏晋南北朝到隋唐,朝鲜三国、新罗、渤海、五凉王国、吐谷浑、吐蕃、柔然和突厥,都向中国朝贡。由此可以看出东亚各国、各族共同的趋势。

不能将日本的动向单纯从日中或日朝的两国间的交往来考察，而必须放到东亚世界整体中去把握，道理就在于此。

有人认为，基于遣唐使之类的国家间交往，代表着古代日中关系的最盛时代。我对此抱有疑问。本书言及唐代后期在唐新罗人的商业活动，主要依靠日本僧人圆仁的记述来描绘。从中可以了解到，商人、僧侣等的民间活动，实为唐末以后东亚各个时代的特征。

在中国，从唐末到宋元时代，伊斯兰教徒的贸易活动十分繁荣，日宋、日元之间的贸易也因此得以延续。在元代，日本禅僧到中国留学尤为突出，其数量相当庞大，许多人连名字都没有保留下来。元朝的僧人也来到日本。此后，经历日明贸易，出现了倭寇活跃的时期，在倭寇的基地，在商人和海盗之间，进行着各民族的交流。近年日本的研究认为，在近代列强侵入的初期，在其下层，东亚各国间的网络发挥了重要的作用。

从东亚世界的角度进行研究的第二个理由，是基于如何建构近代以前的世界史的要求。毋庸赘述，进入近代后，形成了世界的一体化。但是，在近代以前，各地区、各民族也并不都是分散而孤立的。有位美国学者说，近代以前的国家都是世界国家、世界帝国。这是同近代的民族国家相比较而言的，那么，为什么近代以前的国家采取世界国家的形式呢？其原因在于地球上的若干特定地域产生文明，以其为中心的政治势力统合了周围的各个地域与民族。

在东亚，诞生了以中国为中心的中华帝国。作为东亚世界帝国，这里所研究的唐帝国，最具有典型意义。当然，以后的王朝也是根据统治各民族的中华帝国的思想而行动的。对此，各民族也产生反动，因而诞生了辽、金、元、清等王朝，然而，他们却依旧继承了"中华思想"。

与此相同，出现了统合中东、地中海世界的罗马帝国、阿拉伯帝国，以及欧洲的基督教的世界帝国。在欧洲，查理大帝的帝国，其政治虽然积弱不振，但却依靠基督教而创造出了紧密的一体化的世界。这成为今日EU的基础。从印度到东南亚，虽然政治统合的时期短暂，却也形成了具有多种语言文化特征的印度文化圈。所以，我们可以将近代以前的世界划分为东亚世界、西亚世界、南亚世界和欧洲世界（其中包含地中海世界）。而游牧民族活跃的中亚世界,可以从其与周边世界的联系中,另作研究。

　　构成世界史的普遍性过程,一般有奴隶制、封建制等发展阶段。但是,它并不是由所有民族各自个别地去经历体验的,如果考虑到上述若干世界的存在,那么,就必须认为,在各个世界中,各民族相互联系,走过发展的路程。

堀敏一

2000 年 6 月 3 日

绪　　论

如何定义古代东亚世界

世界各地区的整合

大家常说,近代以后世界为一。这句话的意思是世界各国、各地区发生的事情都会立刻影响到整个世界。它绝不是说各国、各地区将合而为一。当然,世界一体化的进程始于欧美列强对殖民地的掠夺,造成列强之间的对立,从而引发了两次世界大战。对此进行反省的结果,是各国之间按照地区加强了联系与互动关系。欧盟(EU)即是其例,伊斯兰国家组成的阿拉伯联盟及其首脑会议亦是一例,还可以举出亚洲的东盟(ASEAN)来。诚然,在世界大战之前也存在过国家间的联盟,但是,那是各国应对战争危险的产物,并在第二次世界大战以后沿袭成为社会主义国家联盟和北大西洋公约组织(NATO)之间的对立。苏联瓦解后的欧洲联盟,是一个限制各国部分主权、追求友好与和平的组织。

在亚洲,东盟最初带有反共的色彩,然而,随着越南等国家的加入,该组织更加强调的是克服各国之间的差异以显示坚强的团结。东盟虽然是小国的联合,但是,其团结增强了它们在亚洲国际关系中的发言权。东亚的大国有日本、韩国和中国,现在它们之间因为利害关系和历史认识问题而对立,不容易和解。而且,朝鲜半岛更分裂为韩国和北朝鲜。然而,这三国都参加了东盟的会议,由此传出了构建"东亚共同体"的声音。

上述欧盟、阿拉伯联盟乃至东盟,都不仅是现代的问题,各个区域的问题都深深源于历史。在欧洲,每当有事件发生,人们就会想起卡尔大帝以基督教统一欧洲;在伊斯兰世界,自然会想起穆罕默德创立的伊斯兰教统一帝国的遗产。可是,在东亚,并未出现相同宗教的统一。中国儒教的部分思想仅在日本和韩国的特定时代流传,佛教则在与各地

·欧·亚·历·史·文·化·文·库·

风土融合的过程中从印度传播开来。佛教和儒教在东亚都不具有整体的统一性。在这里存在着过去周边各国服从于中华帝国大一统的关系，各国、各地区通过这种服属关系摄取中国文化。在中国的周围，还存在着非农耕文化的游牧民族和森林狩猎民族的世界。他们中的一部分曾经在中国的土地上建立征服性王朝。他们是否同化于中国文化是个问题，但是，他们还不至于令中国的传统社会和文化崩溃。以中国为中心的社会依然保持到近代。

关于东亚世界或文化圈的各家之说

本书的目的在于叙述东亚世界的历史。然而，东亚的内涵及其范围并不明确。笔者在此之前撰写了《中国通史》，是一本按照自己的风格写就的形式自由的读物，因为"中国史"的框架已经确立，从这一点上说，容易撰写。至于东亚史，其框架尚未确定。所以，我想首先应该对有关东亚史的以往各种见解稍作回顾。

首先提出来的是西嶋定生《古代东亚世界的形成》第一章、第二章（亦收于其著《中国古代国家与东亚世界》），这是最成系统的见解。其中提到东亚世界的范围，"是以中国为中心，包括其周边的朝鲜、日本、越南，以及蒙古高原和西藏高原中间地区的西北走廊东部等地"。在这部专著中，作者将蒙古高原和西藏高原纳入范围之中，但是，在著作的结尾西嶋却将这两处高原，以及越过西北走廊的中亚、越过越南的东南亚排除在外，以明确界定范围。西北走廊的概念有不明之处，但其东部指的应该就是甘肃。如此，则"越过西北走廊的中亚"就包括了新疆。

西嶋提出来作为东亚世界历史文化圈的指标有：（1）汉字文化；（2）儒教；（3）律令制；（4）佛教。乍看这四者属于中国迄于8—9世纪唐朝的特征，但是，西嶋认为在宋代以后此东亚世界在变化中依然持续，直到19世纪因为欧洲势力的进入才告崩溃。

西嶋还给中国王朝支配周围各民族的形式赋予了"册封体制"的

特征。册封体制始于汉代,盛于六朝,但其起源在于周代的封建制度,为君主同臣下结成君臣关系的形式。将它用作支配异族的形式,中国皇帝与异族君主之间缔结了君臣关系。唐代同新罗和渤海缔结了这样的关系,而日本则自隋代以来就处于这个体制之外。但是,一般认为日本以这个体制的存在为前提保持同中国的关系,摄取其文化。西岛另一方面又说唐朝同突厥、吐蕃和回纥的关系并不属于册封关系。果真如此吗?令人置疑。这些关系同样是以官爵为媒介的君臣关系,不也可以视为册封关系吗?西岛以册封关系作为东亚世界的特质,所以他想把册封限定于他称作东亚世界的范围之内。若非如此,则将蒙古高原、西藏高原排除于东亚世界之外的西岛理论就发生矛盾了。若举古代的例子,匈奴直到西汉末的呼韩邪单于都是汉朝的臣下。也许有人对此有反对意见,然而,至少在东汉,汉朝和匈奴之间存在着君臣关系。因此,我想可以把蒙古高原的民族视为同中国缔结了册封关系。

李成市所著《东亚文化圈的形成》一书,颇采西岛之说,同样认为东亚文化圈以中国为中心,包括朝鲜、日本和越南等国,这些国家接受起源于中国的汉字、儒教、律令和汉译佛教等文化。他特别强调东亚为汉字文化圈这一点。对于各国而言,输入汉字是首要的,因为如前所述,儒教和佛教不如欧洲的基督教或者中东的伊斯兰教那么有影响。

但是,西岛所说的东亚文化圈是以东亚的政治构造为前提而形成的,通过册封关系结成东亚世界。李成市指出"东亚"一词在战争年代曾经被用作"大东亚共荣圈",同过去的用法没有明确的区分,地域范围也朦胧不清(实际上西岛所指的范围如上所述是明确的)。李成市似乎也承认文化圈与政治构造存在着密切的关系,但他说道:"不能把汉字文化圈切割开来,就以册封体制所及的范围作为'东亚'的地域范围。"李成市或许考虑到被纳入东亚范围内的日本和越南没有册封关系。然而,如上所述,我认为必须考虑北亚各民族同册封的关系。

高明士《东亚文化圈的形成》(见其著《东亚古代的政治与教育》)也以中国为中心,将包括朝鲜、日本、越南等国在内的地域作为东亚地区,在西岛所列举的汉字、儒教、律令制度和中国化佛教之上,再加入官府传授的天文、历法、阴阳学、算学和医学等科学技术,作为其代表性文化要素。

中国自周代以来就用中华与夷狄的关系(华夷关系)来看待其与异族的关系。这是文明发达的中国同尚未完全开化的异族的关系。同中国交往的异族,在这种关系中只能从属于中国。册封关系就是基于这种考虑,而以中国的国王乃至皇帝为君主、以异族的君主或者首长为臣下缔结而成的。但是,册封只是中国与异族关系的一部分而已。一般异族首长或者使节携带进献物品(贡品)到中国致意。中国称此为朝贡,对贡品给予高额的回赠(回赐)。包括册封以及非册封在内,这种朝贡关系是中国同异族之间存在的一般关系。进贡与回赐的关系,无疑起着一种交易的作用,异族在此亦承认对于中国的从属,服从表示从属的法令和仪式。而且,朝贡除了交易之外,还起到了输入中国文化的作用。

因此,朝贡关系应该视为中国同异族之间自古以来存在的关系。美国著名的中国学者 J. K. Fairbank 在《The Chinese World Order》一书中指出,朝贡体制(tribute system)、朝贡关系(tribute relation)构成了中国对外关系的核心。

关于此朝贡体制涵盖的范围,Fairbank 的见解与西岛不同,他列举了 the Sinic Zone、the Inner Asian Zone、the Outer Zone 三个区域。亦即:(1)朝鲜、越南、琉球以及中国南朝时期的日本;(2)内陆亚细亚的游牧、半游牧民族,他们处于中国文化地域之外;(3)日本、东南亚和南亚诸国,以及被视为进贡国时期的欧洲等地。Fairbank 认为(2)"处于中国文化地域的外部或者周边地带",是否可以把朝贡这种中国规定的世界秩序涵盖的范围都视为中华文化圈,值得怀疑。

日本的滨下武志也使用"朝贡体制"一词(见《东亚国际体系》,收于其著《朝贡体制与近代亚洲》)。滨下强调这是中心与周边之间相互依存的关系。周边国家向中国派遣朝贡使,中国则回遣册封使,承认其国王。我也认为存在着相互依存的关系,但是,对于朝贡的回报,是否都是册封,是否都承认其国王,令人置疑。滨下根据清朝的例子,指出朝贡关系只不过是位于宗主—藩部关系和互市关系之间的整个统治关系的一部分而已。清朝将北方、西方的游牧民族作为藩部编入国内体制之中,在此之外的对外关系中虽然使用互市一词直接指交易关系,然而,在中国对异族关系(华夷关系)中,绝不是对等的关系,因此,应可视为朝贡关系之一环。

滨下还指出,中国历代王朝的眼光是朝向北方、西方等内陆地域的,然而,有必要投向海疆。如果研究同近代列强交往变得重要的时代,自应如此。但是,滨下强调在讨论此前的亚洲的时候,也需要具有海洋的眼光(滨下等编《海洋亚洲5 越境的网络》)。

中国的石源华、胡礼忠主编的《东亚汉文化圈与中国关系》一书,是中国中外关系史学会在 2004 年召开的学术谈论会的论文集。参加者的意见未必都一致。书中讨论东亚各个地域、各个时代具体问题的文章颇多,这里想介绍讨论本书题目所标明的东亚文化圈总体性质及其内涵的论文。

周宁《探寻世界文明的中华文化资源》认为以中国为中心形成的"华夏文化圈",以儒家的大同思想为普遍的理想,以汉字为基础语言,以科举、律令和汉传佛教为共通的政教制度。片面强调中国的思想和制度,并不正确。

吴松弟《地理环境、交流与东亚文化区的形成和变迁》认为"古代东亚文化圈"的地域东及朝鲜、日本,东南至越南,西南达青海、西藏高原和云南、贵州高原,西被帕米尔高原,北越蒙古高原而至西伯利亚大森林,东北到达大兴安岭内外。阿尔泰、天山山脉以西和帕米尔高原以西,存在着多种文明的交流,东亚文化圈止于此。东南亚诸岛国同时受到印度文化、伊斯兰文化和中国文化的影响。东方广袤的南海和太平洋构成了东亚文化圈的海洋边界。在此广阔的地域中,如后述,特别是帕米尔高原东部,是否总处于东亚文化圈之内是有疑问的。

黄鸿剑《东方封贡体系与远东国际格局的变化》把册封和朝贡合起来称作"封贡体系",认为以此总称前近代东亚各国间的国际关系颇为方便,希望得到推广。在这里,他使用了"远东"一词,用以指东亚和东南亚各国,因此,包括了日本、朝鲜、韩国、蒙古、俄罗斯远东地区、缅甸、泰国、越南、老挝、柬埔寨、马来西亚、新加坡、印度尼西亚、文莱、菲律宾等国家。这里所述的"远东"范围,是直到近代才合为一体的,然而,在此之前如吴松弟所述,是各种文化交错的地域,能否与"封贡体制"联系起来,令人怀疑。

孙泓《东亚文化圈的形成与发展》认为将东亚文化圈称作中国文化圈或者汉字文化圈是不妥当的。诚然,东亚文化圈以中国文化为主体,具有共同的性质,但却不能忽视各国文化的个性。而且,东亚文化圈在各个时期的范围和性质并不相同。东亚包括中国、朝鲜、越南和日本,学者间的意见是一致的,有人还加入蒙古、东南亚和南洋各国,孙泓本人也特别重视蒙古同中国所存在的一千年的历史关系。她并不是要否定中国中心,但也重视各地域、各时代的个性。

认为东亚并存政治世界与文化圈的见解

还有一种观点认为,在东亚还存在着与中国文化圈相抗衡的独立的历史世界或者文化圈。上述西岛定生把东亚世界的范围限定于中国本部、朝鲜、日本、越南和西北走廊东部地带,而将蒙古高原、西藏高原、中亚和东南亚等地域排除在外。但是,Fairbank 等人主张游牧和半游牧民族时常给中国长城国境地区造成压力,游牧民族在中国历史上扮演着重要的角色(市古宙三译《中国》,第 68 页以下)。中国学者也多将蒙古等地域包含在中国的世界或者中国文化圈内进行探讨。

田村实造《亚洲史研究》把亚洲史分为"北亚的历史世界"、"东亚的历史世界"、"印度的历史世界"和"西亚的历史世界"。这些地域都是具有各自基础的独立的世界,我认为此见解是妥当的。但是,北亚各族同东亚世界中的中国、朝鲜等国有着不曾间断的关系,反复出现战争与和平,乃至征服的局面。上述 Fairbank 重视中国的世界中游牧民族的作用,我国的白鸟库吉则强调贯穿东洋史的大势源自南北两大势力的对立(《东洋史上的南北对立》,收于《白鸟库吉全集》第 8 卷)。田村所谓的北亚的历史世界虽然是一个独立成形的世界,然而,东亚的历史世界却以同北亚的关系构成重要的内容。我认为北亚和东亚这两个历史的世界有一部分相互重合,而形成其历史过程。

如上所述,这两个世界的中心部分相互重合,在各自的世界的边境、边疆地区当然也出现这种现象。例如今日中国的新疆,古代使用印度、欧洲系的语言和文字,而中国汉朝的统治亦伸展到此地。到唐代,这里断断续续地结合在东亚世界之中。此时期发生的重要事情是佛教通过此地自西面传入,在东亚的历史世界中起到了重要的作用。但是,在唐朝后叶,维吾尔族自北亚移居此地,不久以后,他们从西亚的历史世界吸取伊斯兰教,一度出现同东亚没有关系的时期。清代以来,重新发生关系,到现代,则完全成为中国世界的一部分(滨田正美《中亚与东亚的疆界》,收于中见立夫编《超越疆界——自东亚的周边》)。

不时出现的东北亚这个地域,到底是属于北亚世界,还是属于东亚世界呢? 这样设问本身,似乎有问题存在。若举更加具体的事例,爱伊奴族及其他少数民族,分布在俄罗斯沿海的州到萨哈林、千岛列岛、北海道各地,形成独自的文化圈(中见立夫《"地域""民族"的万花筒,被称作"周边""边境"的假想空间》,收于中见立夫编《超越疆界——自东亚的周边》)。在上述四大历史世界的内部,存在着许多这样的小的文化圈。

上述田村所称的历史世界,他加以定义道:"是贯穿古代到中世纪存在着统一政权(国家)的世界。"(田村上引书《代序》)因此,爱伊奴文化圈等自然就不能列入其中。东亚的历史世界也没有被中国文化圈或者 Chinese World Order 所统一,因此,不能忘记其内部还包括各种小的世界或者小的文化圈。

田村还说道:"联系四个历史世界的,在陆地是沿着东西穿过中亚的丝绸之路的都市国家群,在海上……是东南亚海域、印度东西沿岸,或者阿拉伯半岛盛衰兴亡的各个海洋国家。"(前书《代序》)这些地区从其所处的位置而言,在不同的时代交错出现各种文化,它们或者属于某个历史世界,或者同属于多个历史世界,出现多种文化的重合。丝绸

·欧·亚·历·史·文·化·文·库·

之路通过的中亚正属于这种情况。今日 ASEAN 所属的东南亚结成一体增强了在东亚的发言权,然而,在过去它们也存在着和丝绸之路地区一样的问题,这在上引中国吴松弟的发言中能够看出来。

上面介绍了既往的研究,谈了若干麻烦的问题。关于东亚的历史世界,存在着各种不同的意见,因此,有必要进行整理,并在其中阐述我的见解。接下来,我想具体叙述东亚世界的历史。

古代东亚世界的基本结构

这里要讨论的是隋唐时代的东亚世界。在截取隋唐时代之前,将遇到是否存在东亚世界的问题。东亚是不是一个完整的历史世界?有人认为,东亚各国、各民族,如中国、日本和朝鲜等,拥有各不相同的历史,他们的存在犹如一盘散沙。第二次世界大战后首次举办"岩波讲座·日本历史"的时候,西岛定生先生提出著名的册封体制论,但讲座内的旗田巍先生就提出质疑。我感到旗田先生所担忧的,是归结为亚细亚主义或大东亚共荣圈想法的死灰复燃。有中国人曾说,日本在战争中没有达到的目标,今日正通过经济手段逐渐实现。这种状况表明,旗田先生的担心并非空穴来风。我们日本人在思考东亚历史的时候,容易以日本为中心,这一点必须引起注意。

此后,历史学研究会也曾提倡研究东亚历史。1949 年,历史学研究会曾经发表题为《世界史的基本法则》的大会报告,主张历史的单一发展模式贯穿于各民族史中,这可以说是基于斯大林式的理论。且不论唯物史观,在今天,民族问题益显重要,而我们却容易以某个民族或国家为中心来考虑问题,然而,通过国际性联系与国际性比较,我们必须尝试从世界史的角度来思考。历史学研究会对前述报告进行反省,认识到在前近代存在着超越各个民族的历史世界,在这个世界里,我们应研究各国、各民族间的历史联系,因此出现了前述有关册封体制论的赞成或反对的两种对立的观点,我也顺势发表了若干意见。

我认为，中国同东亚各国之间的关系不仅仅局限于册封，而是包含从羁縻州到单纯的朝贡等多种形式，它们随着中国与各民族之间的实力关系而呈现多种形态，并因此而缔结比较宽松的关系。它虽然不似欧洲那种紧密的关系，却也不是各国、各民族各行其是的存在。宽松的关系是东亚世界的特征。可是，反思过去，我们并没有考虑过这种宽松的关系当初如何会产生。

为了探讨这一问题，我们必须追溯东亚世界形成的历史。简而言之，在东亚首先产生了中国文明，其影响及于周边地区。最初握有主导权的是中国人，他们是如何认识包括中国及其周边地区在内的世界的呢？这是我们首先要了解的。

在他们看来，这个世界由中华以及围绕着她的戎狄夷蛮组成。然而，仅限于此，则与希腊人所构想的 hellenes（希腊语，希腊人的自称）与 barbaroi（希腊语，希腊人对外族的蔑称）的世界无异。中国人的特点是构想出包含中华与夷狄的天下，并由中国的天子来统治。当然，这里所说的"统治"，并不是罗马式的征服与消灭。他们认为，夷狄仰慕中华而来归，因此，在夷狄和中华之间产生了前面所介绍的宽松的关系，这可视作早期的"中华思想"。

无论是"中华"还是"天下"，最初都仅限定于非常狭小的范围。随着中国天子实际控制区域的扩大，也产生了无限广阔的"天下"观念。这大概出现于战国时代。《荀子·王制篇》和《尚书·禹贡篇》勾画出这样的画面：中国居中，诸侯和夷狄按一定的距离环绕四周，服属中央，构成一个同心圆。实际上，中国的疆域是有限度的。中国的领土早在汉代就已经超过后来的中国的范围。当时，尽管南方地区汉族人数不多，更多的是其他民族，但汉朝已经领有包括西南夷在内的越南北部地区。在北方，汉朝越过东北，一直将郡县设置到朝鲜。以上地区都属于农业或半农业地带。只要农业区域延绵存在，中国的领土便向前延伸，并将其他民族置于控制之下，直到与北方草原的游牧地带的交界处，其伸延的步伐才骤然停止，在这里构筑了万里长城。其实，万里长城同无限广阔的天下观念是矛盾的。

·欧·亚·历·史·文·化·文·库·

接下来,我想探讨一下东亚世界的范围。日本史学者一般以日本、朝鲜和中国,有时也把渤海包括进来,作为东亚史研究的范畴。册封体制论即其一例。此论列举汉字文化、儒教、律令制和佛教作为四个共同的基本因素。古代东亚是否曾有儒教的普及,尚可讨论,但这些都属于农业地带所共有的文化形态,可以首肯。长城以北的游牧民,他们的生活伦理、文化性格和社会构造,都与此不同。因此,可以将他们视为另外一个统一的内陆亚细亚世界。然而,内陆亚细亚世界与其周边的文明世界有着不可分割的关系。游牧民社会的生产力发展缓慢,因此,他们必然要侵略、掠夺周围的文明世界,或者与之进行和平的交易。由此而言,割裂同北方游牧民族的关系,就无法叙述东亚世界的历史。就日本而言,往往将这一部分去掉,而成为日本与外国的"关系史",因而不能构成东亚世界史。

汉王朝同匈奴达成协定,将长城以北作为"引弓之国",属于单于统治的地域,而将长城以南作为"冠带之室",属于中国皇帝统治的地域,并以匈奴为"敌国",亦即承认其对等的国家(《史记·匈奴列传》)。这也同"天下"的观念相矛盾。汉朝想方设法要使匈奴驯从,其方法之一是将公主嫁给单于的和亲政策。这一政策后来也适用于乌孙,到北朝时更加盛行,发展为唐朝的"和蕃公主"。此外,还把大量的物品赠送给匈奴,并准许与之进行交易。到了西汉末年,匈奴发生分裂,呼韩邪单于入朝,汉朝得以将其作为臣下,结成册封关系。上述和亲与册封等都是怀柔、操纵和控制外族的政策,总称为"羁縻"。《汉书·司马相如传》说:"天子之于夷狄也,其义羁縻勿绝而已。"可以说羁縻被视为对外族的基本政策。这就是前面所说的宽松的关系。

以上主要从中国的角度出发,介绍了其世界秩序形成的过程。下面,我们再从与中国通交或服属于中国的各民族的角度进行探讨。魏晋南北朝时代,由于匈奴及汉帝国的崩溃,许多民族趁势勃然兴盛,倭(日本)、百济和新罗都是其例。高句丽则在略早以前,同样因为匈奴的分裂而崛起。倭和朝鲜三国都向中国人贡,取得中国的官阶、官职,同中国皇帝结成君臣关系,亦即册封关系。批判册封体制论者认为这是中国方面片面确定的秩序，无视各国的主体性。但是，这并不正确。为什么在魏晋南北朝这种中国王朝衰落的时代才出现各国前来朝贡的现象呢？应该说，这都是各国出于自身的需要而自主选择的行动。从实际情况来看，无论是倭国的五王[1]，还是高句丽、百济，大多是他们自己拟定具体的官称，指明要这个、那个官爵，向中国王朝提出来，要求获得承认和册授。《宋书》的《倭国传》和《百济传》对此有明确的记载。为什么会发生这种事情呢？其一是基于各国内部的情势，其二则是出自各国建构国际关系的需要。

首先，我们先来谈谈各国内部情势的问题。此期各国已经产生了君权，对其君主而言，维护君主的权威是必须的，随即出现了建构以君主为顶点的中央集权制国家的需要。这种君权和国家的样板，在东亚唯有中国才存在，因此必须向中国学习，这就是从六朝到隋唐时代各国向中国朝贡的根本原因。所以，各国最为重视的是输入规定国家运作的律令等制度。

此律令等制度并非一次性全面引入各国的。各国输入的只是其中的一部分。日本虽然几乎是逐条引入律令，但是，到制定律令为止，也只是一点一点地采纳各种制度中的一部分。在各种制度中，各国、各族普遍采纳，而且在各种制度中最先采行的，是为了明确区分君主与其臣下身份的位阶制度和官位制度。在日本，最初制定的中国式的官位制度是推古朝的"官位十二阶"。我们可以清楚地知道，朝鲜三国、渤海、南诏、吐蕃曾经制定过此种官位制，甚至连突厥都想输入隋朝的衣冠制度。

在各国确立制度之前，应该存在着各国照搬中国王朝的官位这样的阶段。百济武宁王陵出土的墓志上，记载武宁王的官衔仅仅只有

---

[1]关于5世纪日本的情况，中国正史《宋书·倭国传》记载，从东晋到梁武帝时代，先后有五位倭王到中国朝贡，他们分别是"赞、珍、济、兴、武"，日本称该时代为"五王时代"。至于这五王分别对应于日本的哪几位大王，则众说纷纭，至今仍无定论。争论较大的是前两位大王，即"赞"和"珍"。"赞"有"应神天皇"、"仁德天皇"和"履中天皇"等诸说，而"珍"也有"仁德天皇"和"反正天皇"等不同见解。对于后三位大王，史家见解比较一致，即"济"为"允恭天皇"，"兴"为"安康天皇"，"武"为"雄略天皇"。——译注

"宁东大将军"。这固然是从南朝的梁获得的官衔,却在百济国内最受重视。倭国的"五王"和百济王,不但国王本身,而且还为部下请求获得中国的官位(《宋书》相关各传,《南齐书·百济传》)。这大概是想用中国的官位来明确国王与部下之间身份上的上下区别。

其次,就国际关系而言,各国的入贡是必要的。关于这一点,我们都知道,倭国的"五王"向中国要求"都督六国诸军事"的官封,是为了在同朝鲜各国的斗争中处于有利的地位。我认为,中国王朝的官位、官职,不但在各国内部具有权威,而且还规范着国与国之间的关系。在今日的国际关系中,存在着各国公认的国际法。同样地,在前近代的东亚,各国之间也存在着公认的国际秩序,那就是中国王朝所确定的各国间的身份秩序,并为各国所共同接受。

以上列举的是农业或半农业的民族与国家的事例,在讨论制定律令体制下的官位制度时,我们列举了日本、朝鲜三国、渤海、南诏和吐蕃的情况。吐蕃属于半农半游牧的民族。对于纯粹的游牧民族而言,很少有这方面的要求。为什么呢?这仍然是君权的问题。游牧社会的君权,并非像农业社会那样朝中央集权的方向发展,而是以游牧部落制为基础,难以超越军事统帅的范畴。其国家急速膨胀,也在瞬间分裂,此乃其特征。唐朝后半期,回鹘和吐蕃压迫唐朝,一时显得非常强大,但他们都先于唐朝而瓦解。北方民族的君权获得强化,是从唐朝灭亡之后的辽与金开始的。

即使在游牧民族中间,也同样存在着依靠中国王朝来维持君主权利、维护国际秩序的考虑。我们来回顾始于汉代的和蕃公主的作用,开始是中国方面想以此怀柔外族,到了唐代却成为诸蕃君主为加强其于国内外的权威而提出的要求(《旧唐书》之《吐蕃传》与《突厥传》)。唐朝初期,由于突厥势力的衰败,北方、西方等诸蕃君主要求称唐朝皇帝为"天可汗"(《旧唐书·太宗本纪》"贞观四年"条)。在粟特人的国家里,唐朝皇帝也被称作"普天下贤圣皇帝"(《册府元龟》卷999"安国"条)。由于纳入中国的天下之中,所以诸蕃君主的继承人的册立,要靠唐王朝来保证,而且还将抑制各国间的纷争和维护和平的希望都寄托于唐王朝。对于粟特人来说，以中国为中心，意味着能够安全顺当地同各国进行交往与贸易。如同"罗马的和平"，古代的和平靠强国来维持。

再次，各国的朝贡。在上述政治、文化的需要之外，还有着通过朝贡来同中国做交易以获取其物质的欲望。特别是游牧民族，这种需求所占的比重更大，当然，农业国家也不例外。朝贡本身就是交易的一种形态，因为它可以获得中国王朝的回赐。唐朝计算朝贡品的价格（《白氏六帖事类集》卷22"蛮夷贡赋"条所引《主客式》），按照一定的比率回赐。朝贡和回赐，沿袭了自古存在的互酬、赠答的习惯，唐朝因货币经济的发达，故能给予相当的赠答品。据土肥义和先生的分析，S. 8444号文书中，有唐朝与回鹘之间的朝贡贸易文书，提供了具体的事例（栗原益男先生古稀纪念论集《中国古代的法与社会》）。在此件文书的残存部分里，记载着回鹘宰相和女王"附进"的品物与回赐的内容，其前面部分，今日已缺，但无疑是列示正式的朝贡品与所得回赐品的清单。

此外，朝贡还可获得中国王朝特别给予的颁赐，并得以在边境进行互市或关市。但是，这不是自由贸易，而是在官吏的监督下，首先由官府进行交易，而后才允许民间买卖（《白氏六帖事类集》卷24"市"条所引《关市令》）。交易的物品中，多有禁制品。游牧民虽然可以和中国进行绢马贸易，但其次数受到严格的限制（张九龄《敕突厥可汗书》）。唐朝中叶，众多的波斯商人来到南方港口开展互市舶贸易，其实亦受到同样的限制。

如上所述，种种的需要使得东亚各国、各民族接近中国，加入到中国的世界秩序之中，因此，中国所确定的秩序并不是由于中国的征服和强制而片面强加于人的。隋唐时代，以中国为中心，周围像卫星般环列着向往中国的各民族的君主国家，纷纷向中国朝贡。这是统一东亚的世界帝国，是具有东亚特殊形态的世界帝国，不同于主要依靠征服而建立的罗马世界帝国。

诚然，隋唐帝国建立过程中必然发生过征服战争。特别是在同北方游牧民族的关系中，由于游牧民族必定要侵略文明社会，故对于历代中国王朝而言，首先必须进行防御，以及由防御而转变为征服，进而创

·欧·亚·历·史·文·化·文·库·

造安定的秩序。因此,唐朝的征服战争,其方向是北方和西方的中亚内陆。在其征服的地域上,多设置羁縻州。与以往的册封相比较,册封是针对统一并统治其民族的君主而进行的,使其君主与中国皇帝结成君臣关系;羁縻体制则继承羁縻的传统,保存其下层社会,有时也废除其统一的君主,将其民族分而治之,通过都护府监视下的州县制,将系统的官僚统治渗透进去。这意味着唐朝对不同民族的控制强化了。

但是,不久之后,此羁縻体制实质上宣告崩溃。唐朝把征服战争扩大到朝鲜半岛。这时,朝鲜三国的君权得到加强,但与此同步,三国间的争霸战也在激化,并把唐朝势力引了进来。唐朝在百济和高句丽地域设置羁縻州,但遭到新罗的抵抗,不得不放弃朝鲜半岛。这固然是由于当时唐朝周边的客观形势所致,但我们也不能无视新罗君权增长的主体条件。唐朝任命新罗王为鸡林州都督、乐浪郡王、新罗王,将整个新罗作为一个羁縻州,委托新罗王统治,其实质与册封无异。这与其后册封渤海国王为忽汗州都督、渤海郡王的事例如出一辙。这一点是栗原益男先生指出来的(《东亚世界中的日本古代史讲座》7)。

在此前后,由于突厥的复兴,羁縻州体制在其中心地带也崩溃了。前述的和蕃公主政策,其前提是统一政权的君主的存在,因此,在唐初只对吐谷浑和吐蕃实行过,此外则都见于羁縻州体制崩溃的玄宗时代以后。

复兴后的突厥可汗与唐朝结成父子关系。取代突厥的回鹘有时同唐朝结为兄弟关系,代代受唐朝的册立而成为臣下,但同时又年年向唐朝索取大量的岁赐。吐蕃从立国当初就与唐朝结成舅甥关系,同时又要求享受"敌国"的待遇,双方多次平等地会盟。以上几种情况,及与粟特人、波斯商人之间商贸的发达,这些宋代以后东亚世界的特征,在唐代已经显现其征兆。

根据唐朝的《杂令》,东至高丽国,南至真腊国,西至波斯、吐蕃及坚昆都护府,北至契丹、突厥、靺鞨,都属于"蕃"的范围,其外为"绝域"(《白氏六帖事类集》卷16"和戎"条)。"蕃"是臣属于唐朝的国家,而像日本这种不时来朝贡的国家则被划入"绝域"之列。自隋朝以来,日本不曾与中国缔结臣属关系。然而，由于前述的理由，日本必须学习中国的律令和文化，因而向中国派出了使节。此使节被当作朝贡使，而日本使节也接受了这种待遇，并在此框架内活动。中国皇帝视日本为下属国，向其颁发诏敕。在中国的天下观念里，对等的国家被称作"敌国"，我们没有证据表明日本曾被视为"敌国"。尽管日本方面希望与中国对等，但是，中国方面没有认可的道理（参阅第三章）。从当时的国际理念来说，称日本为独立于东亚世界之外的国家，或为与中国对等的国家，都是不妥当的。

其实，在东亚世界帝国之下，无论是蕃域，还是绝域，大凡周边的各个蛮国都应该向中心的中国朝贡，唐朝基本实现了这一目标。如前所述，唐王朝周围，有许多卫星国环绕追随。但是，周边各国在效法中国君权的同时，也把这一形式引入，各自都力图在其周边制造出从属性的卫星国来。例如，日本不仅将国内的虾夷和隼人当作夷狄对待，而且还把朝鲜各国作为朝贡国、蕃国。这只不过是日本方面的观念，根据这种观念来开展国交，必然会使国家关系不安定。新罗统一朝鲜，并稳定了同唐朝的关系之后，疏远日本是理所当然的。在此中华世界帝国之下，存在着周边诸国之间十分难以进行联合的结构性关系。当然，这是统治者之间的关系。藤间生大先生曾经提出，魏晋南北朝时代，各国的移民、流民、逃亡者之间存在着国际性的关系（《东亚世界的形成》）。对此应如何考虑，当是今后的课题。

最后，我想简略提及唐朝世界帝国下来到中国的外国人。这当中，有如日本遣唐使一般作为国家使节到来的人员。他们到达唐朝国境或海岸后，地方行政官厅给予他们身份证明书和旅行证，将他们送到都城。其于途中的费用由中国政府支付，但不得无故与中国的官员及民间人士交际。他们在滞留期间可以娶妻妾，但不得带出国外（《唐律疏议》卷8《卫禁律》疏所引《主客式》）。和使节一起到来的还有留学生、留学僧，以及作为人质送来的王子。留学生、留学僧的书籍费用由其本国承担，生活费则由中国政府支付。他们中的一些人成为唐朝的官吏，特别是在唐中叶以后的雇佣兵中，包含大量的外族军官士卒，这与罗马的情况相同。

一般的外国人来到中国,分为归化中国和逗留一段时间两种情况。属归化者,要登录于中国的户籍上,起中国式的名字。关于来自西域的粟特系住民的姓,桑原骘藏先生早就做过研究(《东洋文明史论丛》)。而关于归化者的待遇,特别是其税役负担,必须对看起来相互矛盾的史料进行整合与解释,石见清裕先生等人对此进行过研究(《唐代的归化与诸蕃》等),但还没有成为定论,尚有讨论的余地。

作为外国人持续逗留者,除了留学生和留学僧之外,就以商人为多。他们所进行的商务活动,开始有着严格的限制,后来逐渐松弛,这一过程还没有充分研究清楚。则天武后垂拱元年(685)敕允许"诸蕃商胡"在内地交易,但不得进入"蕃"地(S.1344《开元户部格》)。此外应该还有自由往来于本国与中国的人员,但还没有发现予以承认的法律。

关于适用于滞留中国的外国人的法律,中田薰先生作过研究(《法制史论集》3)。并不存在他们必须如同现代那样一定要遵从所在国的法律,在此亦即唐朝的法律。根据唐朝的《名例律》,相同国家的人员发生纠纷时,根据其本国法律裁判;不同国家的人员发生纠纷时,则依据中国的法律审判(《唐律疏议》卷6《名例》第48条)。前者依据属人法原则,后者则根据属地法原则(仁井田陞《中国法制史研究·刑法》)。

自南北朝以来,作为政府的机关,设置了"萨宝"这样一个管理粟特人的机构。任命粟特人为其职员,起到管理粟特人的作用。摩尼教在中国布教尽管遭到禁止,但只要是粟特人信奉的,就可以作为"乡法"予以容忍(《通典》卷40《职官》所引《开元二十年七月敕》)。原则上,中国政府不干涉外国人之间的事情。这同样出自对外国羁縻的思路,亦适用于居住在中国的外国人。

这些原则适用的实例,有著名的"蕃坊"和圆仁日记所见的"新罗坊"。桑原骘藏所著《浦寿庚事迹》详细研究了唐朝中叶以后来到中国的波斯商人在蕃坊中的生活与自治的情况。"蕃坊"和"蕃长"等名词,唐代已经出现,大概流行于广州和福建。

新罗坊在今日江苏省泗州与楚州一带,可以确定由总管进行管理。圆仁最初在山东赤山法花院遭到麻烦。赤山村一带的僧侣和居民都是新罗人,受勾当新罗所管理,官吏也是新罗人。此前不久,出身朝鲜的李正己及其子孙充任控制这一带的平卢军节度使。山东是新罗和渤海的使节、商人登陆的地方,李正己要控制此贸易权,利用其财富反抗唐朝。李氏灭亡之后,其南部毗邻的武宁军节度使的下级将校张保皋(弓福)占据朝鲜西岸的莞岛,成为新罗的清海镇大使,一时期垄断了中国、朝鲜和日本的黄海区域贸易。在山东的新罗人既投靠张保皋,又从唐朝获得了自治权。

商人的活动及贸易所造成的交流,不同于到唐代为止受到重视的国家间关系,成为下一个时代东亚世界的重要特征,例如蕃坊,到了宋元时代后更加兴盛。圆仁和最后一批遣唐使一起到唐朝,此后,还有不少僧侣到中国,他们主要利用的是中国与朝鲜的商船。由此可以窥见商业与佛教相携共同开辟新时代的风貌。

一般而言,"中华思想"具有歧视与接受外族的两个方面。唐朝对外国人所显现的宽容措施,表现的是后一个方面。从重视民族国家及民族对立尖锐的今日来看,唐朝世界帝国看不到这种对立。尽管如此,对于中华思想的两个方面,必须综合进行考察。歧视外族是根本性的,因此才出现将外族与中华区别对待、显得宽容的政策。在这里,"天下"的观念固然重要,但也不能完全地一视同仁。囊括天下的世界帝国就是这样形成的。

上篇 隋唐帝国与东亚

1 隋代东亚的国际关系

1.1 关于册封体制论

西岛定生先生认为,古代东亚各国间的政治秩序中,存在着册封体制,它规定着当时的国际关系。[1] 此见解获得众多的支持,同时也受到藤间生大、鬼头清明等人的批判。

藤间先生认为,册封体制促使各国分立,排斥人民之间的相互结合,对东亚的发展起了负面作用。他还通过对佛教、手工业者和各国的叛乱等问题的分析,研究了东亚各地区民众的相互关系,取得了重要成果。[2] 但是,仅用民间的直接接触和交通状况,恐怕难以全面描述近代以前的整个历史世界。各国的统治者在接受册封关系的时候,普遍存在着统治者对民众的统治,以及民众对统治者的抵抗之间的内在矛盾。有不少民众的动向就是通过这种统治者之间的关系间接地反映出来的。

关于这一点,鬼头先生认为,前近代的东亚国际关系是由统治阶级相互结合维系的政治世界。他强调:第一,缔结国际关系的统治阶级在国内统治体制上的矛盾;第二,各国统治集团相互间的国际利害关系,认为有必要从这两点去检讨东亚国际关系。同时,他还批评道,册封体制本身并不构成规定东亚国际关系的内在要因。[3]

我认为,以中国为中心,存在着规定东亚国际关系的一定的秩序形

---

〔1〕西岛定生《六一八世纪的东亚》,收于《岩波讲座日本历史·古代2》,1962;另见西岛定生《中国古代国家与东亚世界》,东京大学出版会,1983年。

〔2〕藤间生大《东亚世界的形成》(春秋社,1966年)第一章第一节《五、六世纪的东亚与日本》,第二章第一节《东亚各族、各国结合的种种契机》。

〔3〕鬼头清明《日本古代国家的形成与东亚》(校仓书房,1976年)第一部《关于日本古代国家的国际条件——视角与课题》。

·欧·亚·历·史·文·化·文·库·

式,其表现形式之一就是册封体制,这是必须予以肯定的。但是,正如西岛先生也承认的那样,中国王朝同周边各国的关系不仅限于册封,它包含从朝贡到羁縻等各种不同的形式,其中的差异是根据各国的地位及实力关系而形成的。这正是我以前所提出的主张。[1] 也就是现实的国际关系是受各国的地位及实力关系所左右的。现实的国际关系通过上述方式表现出来,特别是关系到各国君主的利害关系,以及为维护国际、国内的权威,各国常常对于获得并维护册封等关系形式表现出强烈的关心。

本章拟用具体事例来检讨上述诸点。为此,将探讨隋代以中国为中心的国际关系。在3世纪,中国的汉帝国崩溃后,日本(倭)、朝鲜各国、胡族国家纷纷崛起,到6世纪隋朝统一中国后,这些国家迎来了转型时代。在日本,有关此期国际关系的研究,多集中于推古朝以及圣德太子的外交方面。本稿不以日本为中心,而拟将它置于中国与周边诸国的关系中来考察,以避免在误解东亚总体形势的情形下展开对各国历史的论述。有人批评道,以中国为中心的研究,轻视了周边各国的主体作用。[2] 当然,这一弱点是必须克服的。然而,这同研究者的能力相关,本文也许同样存在这样的问题,对此,作者愿意接受批评。

1.2　隋文帝时期的国际关系

581年(开皇元年),隋王朝建立后,东方各国中的百济、高句丽随即向隋朝贡。百济王昌(威德王)被封为"上开府仪同三司、带方郡公",高句丽王汤(平原王)被封为"大将军、辽东郡公"(《隋书·高祖纪》"开皇元年十月"、"十二月"条)。上开府仪同三司为从三品,大将军为正三品,故隋朝比百济更看重高句丽。在当时以中国为中心的国

---

〔1〕堀敏一《近代以前的东亚世界》,见《历史学研究》281,1963年;收入其著《律令制与东亚世界》,汲古书院,1994年。

〔2〕鬼头清明前引著作第45-46页。

际社会的序列中,高句丽位于百济之上。[1]

此后至 584 年,高句丽频繁派遣使节,显得相当重视与隋朝的关系。但是,不知何故,到 585 年,高句丽一改前辙,向陈朝派遣使节,此后,未见其与隋朝国交的记载。另一方面,我们来看一看百济向隋朝派遣使节的情况:581 年只有一次,584 年和 586 年则向陈朝派遣使节(《陈书·后主纪》"至德二年"、"三年"、"四年"条)。由此可知,两国都同时向南北王朝朝贡,延续其"两面外交"政策。而在此时,两国都倾向于陈朝。589 年(开皇九年)后,隋朝灭陈,统一中国,高句丽和百济两国都感到了威胁。

平陈当年,恰好有一艘隋朝战舰漂流至聃牟罗国(济州岛),百济厚加接济,郑重送还,并遣使对隋朝平陈表示祝贺。对此,隋文帝专门下诏称:"往复至难,若逢风浪,便致伤损。百济王心迹淳至,朕已委知。相去虽远,事同言面,何必数遣使来相体悉。自今以后,不须年别入贡,朕亦不遣使往。"(《隋书·百济传》)

关于高句丽的情况,《隋书·高句丽传》记载:"平陈之后,汤大惧,治兵积谷,为守拒之策。"接着记载了隋文帝叱责高句丽王汤的玺书。玺书中历数高句丽压迫靺鞨、契丹,贿诱太府工人、招引弩手逃窜到高句丽,将隋朝使者幽禁于空馆,不让他们有所见闻,屡次派遣骑兵杀害边人等 4 项事实,威胁高句丽王如果不守藩臣之节,将废黜其王位,直接派遣隋朝官吏治理高句丽。高句丽王汤接到玺书后,十分惶恐,将奉表陈谢,却随即病逝。其子元(婴阳王)继立,隋文帝封他为"上开府仪同三司、辽东郡公"。由于其父王汤为"大将军、辽东郡公",可知隋朝视汤的态度而贬其后嗣的官爵,同于百济。

---

〔1〕《隋书·高丽传》记载:"在周遣使朝贡,武帝拜汤上开府、辽东郡公、辽东王。高祖受禅,汤复遣使诣阙,进授大将军,改封高丽王。"对此,《周书·高丽传》记载:"建德六年,汤又遣使来贡。高祖拜汤为上开府仪同大将军、辽东郡开国公、辽东王。"北周的"上开府仪同大将军"相当于隋朝的"上开府仪同三司"(滨口重国《秦汉隋唐史的研究》上卷,东京大学出版会,1966 年,第一部第四《西魏的二十四军与仪同府》,第 182 页),故隋朝的确"进授"高句丽王的品级。关于百济王在北周取得何种官品,不得其详。《三国史记·高句丽本纪》"平原王十九年"条记载:"王遣使入周朝贡。周高祖拜王为开府仪同三司大将军、辽东郡开国公、高句丽王。"其中,官称、王名皆误。

《隋书·高丽传》记载,此件玺书在开皇十七年(597)下发。其根据是开皇十八年(598)隋与高句丽之间初开战端,故玺书应系于前一年。另一方面,在《三国史记·高句丽本纪》平原王三十二年(隋开皇十年,590),亦即平陈的翌年,登载了这份玺书的后半部分,并加注道:"是开皇十年,《隋书》及《通鉴》书高祖赐玺书于开皇十七年,误也。"井上秀雄先生指出,高句丽王汤死于开皇十年七月,故玺书应在此之前,由此判断,《三国史记》的记载是正确的。[1] 从玺书内容可知,隋与高句丽的国交在平陈前已日趋紧张,到平陈后则骤然发展到剑拔弩张的地步,只是因为高句丽王的死去,才避免了这次危机。

在上述演变过程中,隋朝对百济和对高句丽的不同态度,令人注目。西岛先生将隋朝免除百济藩臣义务、不用每年朝贡,以及对高句丽未尽藩臣之节的指责,均从两国已置身于册封体制之内来作说明,并作为册封体制业已存在的证据。[2] 然而,为什么隋朝对同样置身于册封体制内的两国的态度截然相反呢? 他完全没有论及。可是,如果不对此进行研究,国际关系就无法落到实处。隋朝从建国时起,就更加重视高句丽,而非百济,这主要是由两国的地理位置所决定的。隋朝同国境相接的高句丽之间,如上述玺书所示,很早就发生纠纷。隋朝根据高句丽的态度,表明不辞讨伐的意志,这不只是要将高句丽纳入册封体制内,还因为高句丽与隋的对立引发了其他许多问题,而此对立关系因为陈朝的灭亡而激化。

因隋朝平陈而感受到统一的中国的威胁的,不限于百济和高句丽。中国王朝最大的敌人是北方的突厥。北周时期,突厥他钵可汗娶北周宗室千金公主为妻。隋初,沙钵略可汗继立,再娶千金公主为妻。千金公主对隋灭北周怀恨在心,沙钵略可汗则因为受隋朝的冷遇而发怒,遂勾结营州刺史高宝宁入侵隋朝,却以失败告终。其国内的矛盾斗争反而被隋朝所离间,583 年(开皇三年)分裂为东突厥和西突厥。被迫无

---

〔1〕井上秀雄等译注《东亚民族史——正史东夷传》,平凡社东洋文库,1974 年,第 177 页注29。

〔2〕西岛定生前引论文,第 244 - 245 页。

奈,千金公主请隋赐姓杨,改称大义公主,沙钵略可汗也在同隋朝讲和之后,于585年(开皇五年)向隋朝称臣。

但是,大义公主并未忘却对隋朝的怨怼。沙钵略可汗之后,经过叶护可汗,沙钵略之子都蓝可汗即位,大义公主再度成为都蓝可汗之妻。隋朝灭陈就发生在此时期,隋文帝蕴含示威之意,将陈朝末代皇帝陈叔宝(后主)的屏风赠与大义公主,大义公主则在此屏风上题写凭吊陈朝的诗歌,以慰藉自身失国的情怀。隋文帝听到后,减少了给突厥的礼物,而都蓝也停止入贡。隋朝再次成功地利用离间策略,将都蓝的堂兄弟突利可汗拉入己方阵营,让都蓝杀死大义公主,自取灭亡。而突利可汗则从隋朝获得了启民可汗的封号,先后迎娶安义公主和义成公主,成为隋朝的傀儡。至此,隋朝北方边境终于获得安定。

位于突厥西方的吐谷浑,其王吕夸,隋初经常与隋朝交战,"平陈之后,吕夸大惧,遁逃保险,不敢为寇"(《隋书·吐谷浑传》)。其后不久,吕夸死去,其子伏和伏允相继而立,开始向隋朝贡。

鬼头先生在列举了上述隋平陈对高句丽、突厥和吐谷浑等国的影响之后指出,"通过以上事实,至少可以推断,为了对付隋朝,或者存在以陈为中心,包括吐谷浑、高句丽和突厥参加的'连环封锁'的同盟,或者基于共同的政治利害关系而客观地存在这种同盟"[1]。但是,我们虽然可以说陈朝的存在对于各国有着共同的政治利害关系,却难以断言各国之间实际存在着同盟关系。

关于突厥与吐谷浑的关系,《隋书·高祖纪》"开皇三年(583)五月壬戌"条记载:"行军元帅窦荣定破突厥及吐谷浑于凉州。"同书《窦荣定传》记载,窦荣定率领九总管和突厥战于凉州,并未提及吐谷浑。同书《长孙晟传》亦同。但是,根据同书《高祖纪》记载,开皇三年四月,吐谷浑入寇临洮,洮州刺史皮子信战死。[2] 同书《吐谷浑传》称,汶州总

〔1〕鬼头清明前引著作,第二部第一章《推古朝的国际环境》,第70页。
〔2〕《隋书·高祖纪》所载"洮州刺史皮子信",在同书《吐谷浑传》中作"旭州刺史皮子信"。岑仲勉《隋书求是》(北京,商务印书馆,1958年)第8、123、157页认为,当作"旭州"。洮州和旭州均属于临洮。

管梁远击退进犯的吐谷浑。关于梁远击退吐谷浑一事,同书《高祖纪》系于该年六月,但梁远或许是窦荣定指挥下的九总管之一。若是,则窦荣定统帅的军队有可能在五月里同吐谷浑接触。但是,到六月,突厥请和,而隋朝同吐谷浑的战争仍在继续,故突厥和吐谷浑之间看不出有十分紧密的联系。而且,也没有史料能够直接反映他们之间的关系。

在此期间,也看不出突厥同高句丽之间有联系。实际上,突厥和高句丽之间还有契丹、靺鞨等民族,他们同隋朝对辽西的统治纠缠在一起,不断发生侵扰事件。关于靺鞨,《旧唐书·靺鞨传》记载:"其国凡为数十部,各有酋帅,或附于高丽,或臣于突厥。"关于契丹,《隋书·契丹传》记载,北魏时代,曾被高句丽侵略而内附,其后,因受突厥逼迫而附于高句丽,开皇四、五年间(584、585)入隋朝贡,"六年,其诸部相攻击,久不止,又与突厥相侵"。此后,契丹别部背离高句丽,内附于隋朝,另一部分则脱离突厥而降于隋。[1] 不管是靺鞨,或是契丹,都有众多部族,并未实现坚强的统一,他们在高句丽、突厥与中国王朝之间摇摆不定。590 年(开皇十年),前述隋朝给高句丽的玺书中指责高句丽压迫靺鞨与契丹,598 年(开皇十八年),开启隋朝与高句丽战端的是高句丽率靺鞨兵入侵辽西(《隋书·高丽传》)。根据《隋书·靺鞨传》,靺鞨与契丹之间亦是劫掠不断,因此,这场战争的起因或许是其两者之间的纷争,亦未可知。总而言之,从上述情况来看,在隋朝前期,难以形成突厥和高句丽的同盟关系。

在隋朝方面,又是如何考虑同周边各族的关系的呢?《隋书·高祖纪》记载,开皇四年(584)四月丁未,"宴突厥、高丽、吐谷浑使者于大兴殿"。此时并非正月,为什么会在这个时候同时宴请三国的使者呢?不得其详。如果根据此条记载而得出此三国相互联合的结论,恐怕过

---

〔1〕《隋书·契丹传》接着记载:"突厥沙钵略可汗遣吐屯潘垤统之。"《北史·契丹传》记载同此,其后接着说:"契丹杀吐屯而遁。大业七年,遣使朝贡方物。"据此可知《隋书》的记载脱落了后面的文句。但是,大业七年朝贡的记载,似应置于"开皇末"契丹别部背突厥来降之后。岑仲勉《突厥集史》(北京,中华书局,1958 年)上册第 62 页指出,沙钵略死于开皇七年,因此,沙钵略统治契丹当与本文引用之"六年,其诸部相攻击,久不止,又与突厥相侵"并列,系于开皇六年,此论基本正确。

于勉强。此时,突厥正推进与隋朝的和平,但吐谷浑却在抵制隋朝,而高句丽则如上所述在这年中断了同隋朝的关系。从隋朝的角度来看,此宴会的目的或许在于警戒并牵制这三个北方主要强国。不管其真实目的何在,总之,类似的记载再未见到。

关于东方的朝鲜各国的情况,如前所述,隋朝自建国以来,其对高句丽和百济一直是区别对待的,而新罗则直到564年(开皇十四年)才开始到隋朝朝贡。当时,新罗的真平王被封为"上开府、乐浪郡公"(《隋书·新罗传》),这相当于隋初所封的百济王、平陈后所封的高句丽王的地位。从这一点来看,隋朝考虑到了朝鲜三国间的均衡,尽管只是形式。然而,隋朝真正警惕的只是高句丽,而对百济并不关心,甚至连使节都不曾派遣。这表明,在现实上隋朝并没有考虑各族之间的势力均衡。《三国史记·新罗本纪》记载,新罗在此之后向隋朝派遣了求法僧、"朝聘使"和"入朝使"等各种名目的使节,但是,隋朝方面对此未加记载。大概新罗也和百济一样,没有受到重视。

到了598年(开皇十八年),高句丽率靺鞨骑兵万余入侵辽西,被营州总管韦冲所击退(《隋书·高丽传》,同书《韦冲传》),这成为隋朝初次远征高句丽的原因。但是,如前述隋朝平陈后文帝给高句丽王的玺书所示,高句丽介入靺鞨与契丹的内部事务、侵犯隋朝国境的事件早已存在,为此,在平陈之后隋朝与高句丽的关系甚至曾一度紧张,后来是因为高句丽王位更替才平息了下来。现在到了新王执政的时代,再度发生同样的事件(或者是比以前更大规模的事件),遂促使隋朝下决心开战。

隋文帝在答百济遣使的诏书中说:"往岁为高丽不供职贡,无人臣礼。"(《隋书·百济传》)据此看来,在这以前隋朝同高句丽的关系已经相当冷淡。但是,在开皇十七年(亦即开战的前一年)五月己巳,又出现了"高丽遣使贡方物"(《隋书·高祖纪》)的记载,说明两国关系并未完全断绝。所谓"不供职贡",从中国的立场而言,是指责高句丽违背了册封、朝贡等当时国际关系的大义。这是开战的借口(在此意义上,表明册封关系在当时的国际关系中的确具有重要的意义),所以,没有必要按照此指责的言辞，将它完全当做事实。

这场战争，隋文帝任命皇子汉王谅与王世积为行军元帅，统帅水陆30万军队出击，但由于兵站不完备及疫病的困扰，大军到达辽河后回师，死者十之八九。但是，高句丽也没有彻底抵抗的意志，所以，其王遣使谢罪，自称"辽东粪土臣"[1]，隋朝保全了颜面，故也恢复了高句丽王原来的待遇（《隋书·高祖纪》，同书《王世积传》、《文四子谅传》、《高丽传》）。此事件丝毫没有改变隋朝同高句丽的关系，只不过是将两者之间的决战向后推迟而已。

战争开始之后，百济王派遣使者入隋，"请为军导"。对此，隋文帝下诏称："往岁为高丽不供职贡，无人臣礼，故命将讨之。高元君臣恐惧，畏服归罪，朕已赦之，不可致伐。"没有同意百济王的请求。高句丽得知此事后，出兵侵犯百济边境（《隋书·百济传》）。自古以来，朝鲜三国鼎立，中国统一之后，他们采取各种方法，企图利用中国的力量，使自己在争夺霸权的战争中处于有利地位，因此，三国之间的抗争日益激烈。其结果，是与唐朝联手的新罗实现了统一。最初显现这种意图的，就是此时百济向隋提出的建议。但是，在此阶段，隋朝拒绝了百济的请求，依然保持对百济不甚关心的态度。这说明隋朝虽然一直以高句丽为敌，却还没有去关注朝鲜三国之间的势力结构关系。

此次战斗结束两年后的600年（开皇二十年），倭国似乎开始向隋朝派遣使者。众所周知，此事虽然见于《隋书·倭国传》，却未载于《日本书纪》。据《隋书》记载，倭王姓阿每，字多利思比孤，号阿辈鸡弥，隋朝向其使者采访风俗，则答称："倭王以天为兄，以日为弟……"，文帝

---

〔1〕居延汉简387·12、562·17、甲1802 记载："肩水侯官令史，觯得敬老里，公乘，粪土臣熹，昧死再拜，上言变事书。"这是肩水侯官令史熹上书的标题部分，其后接着记载上述的内容（大庭修《木简》，学生社，1979 年，第 160 页）。关于这里见到的"粪土臣"，M. Loewe 先生译作："being totally unworthy"（M. Loewe, Records of Han Administration Cambridge U. P. ,1967, vol. 2, p. 219）。诸桥辙次《大汉和辞典》解释为："没有节操的臣仆"，意思限定过狭。从其引用的《晋书·礼志下》所载"前太尉参军、都乡侯粪土何琦，稽首顿首，再拜承诏"，看上引汉简的例子，"粪土臣"的用例可以追溯到更古远。顺便一提，在《论语》、《左传》等书中也可见到"粪土"的用例，《大汉和辞典》解释为："用于甚卑下，以及厌恶之意。"此亦可用于解释"粪土臣"。高句丽王用此语，未必指辽东领土。

批评"此太无义理",训令改正,并未涉及具体的外交活动。隋朝对百济的态度已如上述,因此也没有郑重对待其视为"太无义理"的日本的道理。这时期日本遣使入隋,且不论后面将讨论的国内意义,在与隋的关系上可以说并没有取得成果。《日本书纪》未载此事,也许不是出于偶然。

近年来,肯定 600 年日本曾经向隋朝派遣使者的观点,几乎已经成为定论。隋朝方面没有必要捏造这类记载。598 年,以隋朝向高句丽开战为顶点,中国王朝的巨大影响,让日本统治阶层不能不深切地感受到。稍早以前,高句丽曾经向日本派遣使者,595 年(推古三年),高句丽僧人慧慈作为圣德太子的师傅来到日本。由此围绕高句丽的情势分析,则 600 年这一时点的意义便浮现出来了。

此外,我们还有必要研究一下同新罗的关系。自从 562 年新罗灭亡任那以来,日本一直同新罗交涉,正巧在 600 年,出兵新罗,其后至 603 年的 3 年间,连年准备进攻新罗。如上所述,新罗在 594 年向隋朝贡,受其册封。因此,日本也就有必要同隋朝建立联络。[1] 尽管不能确切知道具体时间,但派往隋朝的使者应该向隋朝传达了日本对新罗和百济所具有的大国意识。《隋书·倭国传》中记载:"新罗、百济皆以倭为大国,多珍物,并敬仰之,恒通使往来。"这无疑是从倭国使者获得的情报。

隋朝了解日本的主张,会带来怎样的效果呢?是否在对待新罗上会有好处呢?我想大概只能让日本获得自我满足罢了。但是,日本使节出现在隋朝宫廷,并非没有意义。605 年(推古十三年),日本制定冠位十二阶,翌年,又发布宪法十七条,这些事件,如果没有日本派出遣隋使向中国学习(至少也受其刺激),则是无法想象的。可以说推古朝由对外强硬政策向内政改革的政策转换,是以 600 年的遣隋使为契机显

〔1〕井上光贞《推古朝外交政策的展开》,见圣德太子研究会编《圣德太子论集》,平乐寺书店,1971 年;收入《井上光贞著作集》第 15 卷,岩波书店。

·欧·亚·历·史·文·化·文·库·

露出来的。[1][2]

1.3 隋炀帝时期的国际关系

598 年隋朝对高句丽的战争,以隋朝的失败和高句丽的谢罪而告中止。但是,相互间的紧张关系并未缓和,问题一直拖延到隋炀帝时代。隋炀帝实施相当积极的对外政策,其中,占据重要位置的是高句丽。由于隋朝最终因为对高句丽的战争而亡国,所以,我们着重从高句丽问题来探讨隋炀帝时代的对外关系。

隋炀帝时代,隋与高句丽的关系再度紧张起来,起因是 607 年(大业三年)隋炀帝行幸突厥启民可汗幕帐时,在那里发现了高句丽使者(《隋书·裴矩传》、同书《突厥传》)。关于启民可汗,上一节已作过介

---

〔1〕青木和夫《日本古代的政治和人物》(吉川弘文馆,1977 年)第四之一《古代日本的国际环境》。

〔2〕在本文的旧稿中,我对于山尾幸久先生关于 600 年日本的遣隋使是受到百济的影响而派遣的说法,提出了批评意见。山尾先生反驳说他没有这样说过(《遣唐使》,收入《东亚世界中的日本古代史讲座》6,学生社,1982 年,注4)。如果是我的误解,倒也罢了。为了确认,我查阅了其著作《日本国家的形成》(岩波书店,1977 年)的这一部分,兹转引如下:"百济王向隋朝提出协助进攻高句丽的请求(598 年。其后在 607 年、611 年也提出相同的请求),暗地里却与高句丽王通和,而在对倭国方面,也改善了冷却 30 多年的关系,发起政治攻势(597 年)。对于百济而言,倭国又有了利用价值。(换段)在百济的影响下,推古朝当政者抓住了使 587 年丁未之役以来的内部对立暂时平息的机会。其典型的表现就是 600 年的遣隋使,以及 601 年 11 月到 603 年 7 月的征讨新罗计划。从后来的遣唐使的准备情况来看,可以认为,前者是与来日的百济王子(597 年 4 月)一起策划,后者则是同归来的遣隋使共同合谋的。"(上引书第 87 页)山尾先生在反驳的论文中说:"隋朝的统一以及东亚局势的持续动荡,高句丽、百济对倭国的影响,这一系列事件,成为推古朝一鼓作气克服统治阶层内部分裂倾向的绝好条件,因此,我并不认为'597 年百济影响倭国,使其向隋朝派遣使者'。"然而,在上面所引其论文中,他明确地写道"前者"为 600 年的遣隋使,"是与来日的百济王子一起策划"的。这不就是说,克服推古朝统治阶层内部分裂是和百济王子来日本一起"策划"的吗?诚然,山尾先生的意思大概是"百济的影响"使得倭国内部的对立趋于平静,结果是向隋朝派遣使者。但是,为什么要在后面写道"是与来日的百济王子一起策划"的呢?如此一来,被"误解"为受百济的影响倭国派出遣隋使,也是很自然的。我认为,所谓"典型的表现"、"一起"等用语令人费解。另外,山尾先生认为,我在对他的批评中主张 600 年的遣隋使是603 年以后内政改革的前提,在此我要申明,我没有这样说过。关于这一点,我在本文中进行阐述,而不放在批评他的注文中。关于遣隋使与内政改革的关系,我和他的见解可谓一致。说过与否,如何阅读文章,围绕的都是相关的论点,这里稍加赘述。在事实上,600 年的遣隋使有没有受到百济的影响,以及日本对新罗的作战计划是 600 年派出遣隋使的原因还是结果(这是我和山尾先生的又一分歧),都是今后必须加以解决的课题。

绍,他与堂兄弟都蓝可汗对立时,曾接受隋朝的援助,并娶公主为妻,获得"启民"的称号,君临东突厥,因此,他一直顺从隋朝。直到隋末的615年(大业十一年)启民之子始毕可汗围困隋炀帝于雁门为止,隋朝与突厥之间保持着友好的关系。

607年4月,隋炀帝巡幸北边,来到榆林郡,启民可汗赶到榆林行宫朝见,大受招待。8月,炀帝出榆林,行幸启民可汗天幕。此次巡幸北疆的目的,是向北边民族显耀隋朝的强大威力,使其真心臣服并入朝。与此相应,启民可汗将所辖奚、霫、室韦等数十部酋长召来,在炀帝面前亲自割除天幕中的杂草,以示沐浴中国皇帝的光芒(《隋书·长孙晟传》)。此时向隋朝介绍偶尔来到突厥营中的高句丽使者,对于获得隋朝承认其统领上述数十种民族的启民可汗而言,或许是顺理成章的。但是,从隋朝来看,了解到高句丽和突厥这两大势力之间保持联络,无疑是相当大的冲击。

此时此刻,裴矩马上向炀帝献策:

> 高丽之地,本孤竹国也。周代以之封于箕子,汉世分为三郡,晋氏亦统辽东。今乃不臣,别为外域,故先帝疾焉,欲征之久矣。但以杨谅不肖,师出无功。当陛下之时,安得不事,使此冠带之境,仍为蛮貊之乡乎?今其使者朝于突厥,亲见启民,合国从化,必惧皇灵之远畅,虑后伏之先亡。胁令入朝,当可致也。(《隋书·裴矩传》)

前述开皇十年隋文帝的玺书中,曾列举了隋朝与高句丽两国之间存在的具体争端,这里则从理论上强烈主张高句丽原属中国领土(汉代属乐浪郡等地域),因此不能坐视其变为不臣的蛮国。后来在唐朝,唐高祖曾经提出无须令高句丽称臣的意见时,裴矩和温彦博一起劝谏,道理与此相同,还新加一条道:"且中国之于夷狄,犹太阳之对列星,理无降尊,俯同藩服。"也就是说,裴矩等人主张的根本,是基于中华意识的大义名分论。

在这时候,大义名分论有什么具体的意义呢?就裴矩个人来说,他以撰著《西域图记》而闻名。当初,为了监视来到中国西北边境张掖进

·欧·亚·历·史·文·化·文·库·

行贸易的西域各国,他被派到那里,借此机会,他调查了西域的情况,编撰成书,进献给隋炀帝,促使其重视西域。

隋炀帝曾于 609 年(大业五年)亲征青海、甘肃,讨伐吐谷浑,进军燕支山[1],召见高昌王、伊吾设等 27 国的代表,并在吐谷浑故地设置中国的郡县,以确保西域到中国之间通路的安全,使西域各国能够直接到洛阳朝贡。这年末,当各国的使者和商人聚集洛阳时,端门街两侧全是琳琅满目的商店,三市的店铺堆积酒食招待蕃人,让他们感激不已。导演这场表演的就是裴矩(《隋书·裴矩传》)。要言之,他致力于让外族朝贡,以提高中国皇帝的威信。前引裴矩的建议,与他所扮演的角色有着不可分割的关系。

诸蛮族必须向中国朝贡的思想,一直延续到前近代。隋朝初期,隋文帝奉行比较消极的外交政策,到了第二代,隋炀帝转而实施积极的对外政策,要求各族服从并朝贡,以此提高皇帝的权威。上述巡幸北边和西北边疆,都是在此目的下进行的。此外,隋炀帝还出兵林邑(越南中部)、遣使到流求(现在的台湾?),敦促他们朝贡。应该说,用基于中华意识的大义名分论来指导和处理国际关系,是在隋炀帝时代。前述引起争论的册封体制的理论——建筑在各族朝贡基础之上的体制,正是在这个时代,必须予以重视。

根据《隋书·突厥传》,在突厥天幕中召见高句丽使者的隋炀帝,向使者宣旨道:"朕……明年当往涿郡。尔还日,语高丽王知,宜早来朝……如或不朝,必将启民巡行彼土。"同书《长孙晟传》也记载:"大业三年,炀帝幸榆林,欲出塞外,陈兵耀武,经突厥中,指于涿郡。"据此,隋炀帝当初是准备经突厥牙帐转赴涿郡的,则其扬威北疆的巡幸活动,也把高句丽考虑在内。如果是这样,则表明隋朝没有想到高句丽会与突厥相通,所以急忙商议对策,经裴矩提出建议后,隋朝严厉催促高句丽入朝。然而,史料并没有隋炀帝于此年行幸涿郡的记录,所以,上述

---

〔1〕关于此时隋炀帝亲征的路线,参阅佐藤长《论隋炀帝征讨吐谷浑的路线》(《江上波夫教授古稀纪念论集·历史篇》,山川出版社,1977 年)。

隋炀帝的宣言或许是暗示将从涿郡出发远征的威胁,而《隋书·长孙晟传》则据此加以虚构。高句丽王闻此宣言,反而心存恐惧,不敢入朝。

根据《隋书·炀帝纪》记载,隋炀帝并没有行幸涿郡,而是在"四年(608)正月乙巳,诏发河北诸郡男女百余万开永济渠,引沁水南达于河,北通涿郡"。隋朝的大运河从上一代就开始开凿,此时所谋划开凿的永济渠,显然是隋炀帝针对征伐高句丽所开始进行的准备。

隋炀帝于突厥牙帐遇见高句丽使者的607年(大业三年),百济和日本的使者在相隔多年后再次来到隋朝。关于百济,《隋书·百济传》记载:"大业三年,璋遣使者燕文进朝贡。其年,又遣使者王孝邻入献,请伐高丽。炀帝许之,令觇高丽动静。然璋内与高丽同和,挟诈以窥中国。"据此,607年,百济曾两度派遣使者到隋朝,第二次的使者是为了向隋朝请求征伐高句丽而派遣的。或许在第一次使者滞留隋朝期间,或许在这之后,百济知道了在突厥牙帐发生的事件。据《三国史记·高句丽本纪》记载,这一年(婴阳王八年)五月,高句丽军队袭击了百济的松山城和石头城。而突厥牙帐的事发生在八月。显然,百济对此做出了迅速的反应。前面介绍过,在598年(开皇十八年)隋文帝讨伐高句丽的时候,百济曾经"请为军导",但被文帝所拒绝。这一回,炀帝给予肯定的答复,令其侦察高句丽的动静,显示出与上一代政策的不同。[1]

关于日本,《隋书·倭国传》记载:"大业三年,其王多利思比孤遣使朝贡,使者曰:闻海西菩萨天子重兴佛法,故遣朝拜,兼沙门数十人来学佛法。"当时,日本使节提交了有名的国书,称:"日出处天子致书日

---

〔1〕《三国史记·新罗本纪》"真平王三十年"(隋大业四年,608)条记载:"王患高句丽屡侵封疆,欲请隋兵以征高句丽,命圆光修乞师表。光曰:求自存而灭他,非沙门之行也。贫道在大王之土地,食大王之水草,敢不惟命是从。乃述以闻。"据此条及同书《高句丽本纪》"婴阳王十九年"条,这年二月高句丽袭击新罗北边,四月,拔新罗牛鸣山城。此事发生在高句丽袭击百济而促使百济乞师的第二年。然而,这年新罗乞师究竟有没有付诸行动,并不清楚。此后,新罗在真平王三十三年(大业七年,611)"遣使隋,奉表请师",后年,隋朝派遣使者到新罗。关于真平王三十三年的乞师,由于隋朝方面的反应不明,所以也许没有付诸实行。值得注意的是,随着朝鲜三国战争的激化,出现了百济和新罗同时想利用中国王朝势力的倾向。

没处天子:无恙,云云。"炀帝不悦,吩咐道:"蛮夷书有无礼者,勿复以闻。"但是,不知是不是炀帝回心转意,所以在翌年派遣文林郎裴世清为使者访问倭国。这在《日本书纪》中记作:推古十五年(607)以小野妹子为使节入隋,翌年,裴世清访问日本。[1] 也就是说,隋炀帝虽然读倭国书后颇感不快,但仍然派遣使节到日本,与前述600年对待倭使的情况不同,显示出隋朝态度上的变化。尤其是在此场合,如同上述对待百济一样,隋朝因为同高句丽的对立而开始关注起各国间的势力关系。[2] 百济派遣使者,与日本派遣使者发生在同一年,而裴世清则是经由百济前往日本的。此经过,具见于朝鲜方面的记载(《三国史记·百济本纪》"武王九年"条),表明隋朝同百济、日本之间建立了联系。

关于此次派出遣隋使的日本方面的情况,研究者历来强调国书问题。对此,我将另章(第三章)讨论,兹举其要略述于下。首先必须指出,这件国书仅见于《隋书》,而未见《日本书纪》记载。《日本书纪》在翌年亦即608年条却记载了另外一件国书,其文为:"东天皇敬白西皇帝。"我以为,大概推古朝的当政者认为,第一封国书引起隋炀帝的不快,使得同隋朝的关系没有取得进展。然而,不管怎么说,我们都必须先探明撰写这些国书时日本方面的想法,以及产生这些想法的客观现实。在这些国书,特别是前者中,无疑表明日本要和隋朝开展对等的国交,显示了力图克服倭"五王时代"接受中国册封关系的姿态。

就其背景而言,第一,此时与"五王时代"不同,王权得到了很大的加强。如果稻荷山古坟、江田船山古坟所见的"大王"为"五王时代"君主的称号,那么,推古朝的君主就需要有更高的称号,那就是"天子",

---

[1]《隋书·倭国传》作"文林郎裴清",《日本书纪》作"鸿胪寺掌客裴世清"。文林郎为散官,鸿胪寺掌客为职事官。有关裴世清的家世及任官情况,参阅池田温《裴世清与高表仁》(《日本历史》280,1971年)。

[2]如上节所述,在600年日本派出最初的遣隋使之前,高句丽已经开始接近日本,在第二次遣隋使派出前两年(605),高句丽王送给倭国王黄金300两,帮助兴建元兴寺。李成市《高句丽与日隋外交——试论国书问题》(《思想》795,1990年。收入其所著《古代东亚的民族与国家》,岩波书店,1998年)认为,在第二次遣隋使的国书中所见倭国的高姿态,背后大概有高句丽的教唆。此外,认为日本同高句丽的友好关系,与裴世清到日本"宣谕"有关的,有徐先尧《论隋倭国交的对等性》(《文化》29-2,1965年)和井上光贞前引论文等。

大概也就是后来的"天皇"。日本史学界大多认为,天皇的称号要在稍后时才出现,故国书中的"东天皇"应为"天王",此说值得注意。[1] 第二,同新罗、百济的关系。在上节我已经指出,由于上述国家接受隋朝的册封,所以,日本也就有必要开辟同隋朝的国交。但是,因为日本将这些国家视为其下的朝贡国,所以在同隋朝的关系上,也就不能接受和他们一样的册封。如有可能,最好能让隋朝承认日本的支配地位。但是,隋朝绝无承认自己的属国受日本支配的道理。在《隋书》里,似乎可以见到日本使者向隋朝提出此类要求的痕迹,这在上节已经作了介绍。

从隋炀帝的反应可知,尽管日本希望和隋朝对等,但是,隋朝不可能承认并与之展开实际的对等国交。裴世清带来的隋朝国书,收录于《日本书纪》当中,其文为:"皇帝问倭王"(《日本书纪》作"倭皇",这是天皇称号确立之后篡改的,原文当为"倭王"),确定无疑地将日本君主置于其下(根据中国的制度,皇帝之下有王、公等)。诚然,隋朝并没有册封日本的打算,但是,在中华世界里,这并不意味着对等。

隋朝虽然视日本国书为"无礼",却也没有弃之不顾。如西岛先生所论,那是因为"还没有使炀帝的不悦达到拒绝国交的程度"。中国皇帝的不悦会造成怎样的结果呢?这固然因皇帝的个性而不同,但大多数情况都要受当时国际关系的制约。在此场合,如前所述,隋朝必须重视对高句丽的战略问题。

前面提到,第一次遣隋使之后,推古朝转向重视内政,制定了冠位十二阶和十七条宪法。关于第二次遣隋使的目的,《隋书·倭国传》记载其使者的话,说是来学习佛教。由此可以看出日本继整顿内政、强化

---

〔1〕角林文雄《论日本古代的君主称号》(《日本史论丛》1,日本史论丛会,1972年。收入其著《日本古代的政治与经济》,吉川弘文馆,1989年)、宫崎市定《论天皇称号的由来》(《思想》646,1978年。后收入其著《古代大和朝廷》,筑摩书房,1988年;《宫崎市定全集》第21卷,岩波书店),均认为倭国王曾经称作"天王"。东野治之《日出处·日本研究集》(收入其著《遣唐使与正仓院》,岩波书店,1992年)认为,或采用"大王"以及《万叶集》等古典文献所见到的"大皇"称号。后面的第三章将谈到,"大皇"是在"天皇"号确立之后出现的称号,而"大王"则同于"五王时代",似乎不符合自称"天子"的推古朝的外交姿态。

王权之后,想要输入隋朝文物的态度。据《日本书纪》记载,608 年,裴世清由归国的小野妹子陪伴来到日本,当年九月回国,其时,日本再度任命小野妹子为大使陪同裴世清回国。[1] 此时一道前往隋朝的有高向汉人玄理、新汉人日文(僧旻)和南渊汉人请安等留学生 8 人。如所周知,他们后来成为大化革新的政治智囊。[2]

611 年(大业七年),百济派遣使者国智牟到隋朝,询问出兵高句丽的日期。隋朝派尚书起部郎席律到百济,共同谋划(《隋书·百济传》)。与此同时,新罗也派出使者,请求出兵,隋朝则在两年后派遣王世仪到新罗(《三国史记·新罗本纪》"真平王三十三年"、"三十五年"条)。就这样,隋朝征伐高句丽的战争,日益同朝鲜三国间的争霸战紧密地联系在一起。至少在隋朝和百济之间,对高句丽作战似乎已是确定了的事情。我们可以看到:百济使者入隋在 611 年二月庚申(四日),炀帝自江都离宫出发在同月乙亥(十九日),发布讨伐高句丽的诏令在同月壬午(二十六日)(《隋书·炀帝纪》)。炀帝经通济渠和永济渠,在四月进入涿郡临朔宫,经过一番准备,于次年(大业八年,612)正月,命令 1133800 人的大军出征高句丽。

在此,我不准备详述战争的经过。无需赘论,组织发动如此规模的

---

〔1〕上述百济、日本遣隋使的年份及次数,实际上是有问题的。本文介绍见于《隋书·百济传》和同书《倭国传》的大业三年(607)遣隋使,《隋书·炀帝纪》并未记载,却在翌年(大业四年,608)"三月壬戌"条载:"百济、倭、赤土、迦罗含国并遣使贡方物",这是第一个问题。《三国史记·百济本纪》"武王八年(607)三月"条记录了两次,"九年(608)三月"条记录了一次的入隋朝贡,这些不过是根据《隋书·炀帝纪》和同书《百济传》两者的记载所作的记录。就日本的情况而言,《日本书纪》详细记录了小野妹子和裴世清活动的年月,据此,小野妹子于大业三年七月从日本出发,四年四月回国,同年九月再度被派遣,五年九月回国。如果此记载正确,就不可能有《隋书·炀帝纪》所记载的大业四年三月的使节到访。再者,《隋书·炀帝纪》"大业六年(610)正月己丑"条记载:"倭国遣使贡方物。"而《日本书纪》"推古二十二年(大业十年,614)六月己卯"条记载:"遣犬上君御田锹、矢田部造于大唐。"如果全然相信这些记载,则日本分别在 600、607、608(两次)、610 和 614 派出六批使者。一般认为,日本在 600、607、608 和 614 各派出一次使节,不过,增村宏《隋书与日本书纪推古纪》(《鹿儿岛大学法文学部学纪要文学科论集》4、5,1968、1969 年,收入其著《遣唐使的研究》,同朋舍,1988 年)一文中认为,应有 6 批遣隋使。

〔2〕纵观炀帝时代的日隋关系,不论对于隋朝还是日本而言,建立国交具有重要意义。鬼头先生重视当时日本与朝鲜的关系,尤其是获得任那之调问题,否定册封体制说,说道:"难以认为隋朝与日本之间存在着直接的利害关系。"(前引著作第 93 页)如此低估日隋关系,令人置疑。

大军,其准备过程成为人民的沉重负担,因此,早在开战前的 611 年,临近高句丽的山东地区就发生了民众造反。尽管如此,隋军主力在炀帝的直接指挥下,于三月渡过辽河,包围了辽东城(今辽阳市),但久攻不下。宇文述统帅的另一路军队渡过鸭绿江,在萨水(清川江)被高句丽军队打得大败,305000 千军兵,撤回到辽东城的只有 2700 人。在此之前,来护儿率领的水军,从浿水(大同江)进逼平壤,中伏大败。到七月,炀帝不得不下令全军撤退。

613 年(大业九年),炀帝再次准备远征高句丽。四月,炀帝率军队渡过辽河,另派宇文述和杨义臣率部直趋鸭绿江。可是,在六月国内爆发礼部尚书杨玄感的叛乱,而兵部侍郎斛斯政也逃奔高句丽。炀帝为了镇压叛乱,不得不撤军。以杨玄感之乱为契机,中国各地都发生了民众起义。

在这种形势下,炀帝仍策划在 614 年(大业十年)二月,第三次远征高句丽,并于七月到达怀远镇(今辽宁省北镇县附近)。[1] 其间,叛乱在不断扩大,兵士相继逃亡。但由于来护儿的水军逼近平壤,故高句丽王请求议和,并送还斛斯政。炀帝也借此机会撤军,同时敦促高句丽王入朝。然而,高句丽王最终并没有来朝,而隋朝却在不久之后灭亡。

如前所述,尽管大军遭到失败,且民众掀起大规模的反抗,炀帝却固执地一再坚持远征高句丽,这是因为使外族臣服乃关涉皇帝权威的重大问题。因此,这场战争的特点就表现为固执于皇帝的权威的无理强行。其间,有不少大臣劝谏皇帝不要亲自出征,或者请求中止这场战争(参阅《隋书》之《郭荣传》、《樊子盖传》、《虞世基传》和《耿询传》等)。然而,炀帝都拒绝采纳,丧失现实与理性的判断,结果不但没能提高皇帝的权威,甚至把国家也灭亡了。究其原因,固然有炀帝自身的因素,但是,更为根本的问题在于隋炀帝政权乃少数近臣垄断的政治权力结构。

结束分裂,统一南北朝的隋朝,皇帝的独断权力相当强大,相反,官

---

〔1〕松井等《隋唐二朝远征高句丽的地理》,《满洲历史地理》第 1 卷,1913 年,第 379 页。

僚的地位不稳,此为其特征。为了攀缘皇权,官僚各结朋党,为此,不少人失败被杀。其结果,到炀帝末年,权力集中到苏威、宇文述、裴矩、裴蕴和虞世基等"五贵"手中(《隋书·苏威传》)。[1] 他们对炀帝阿谀奉承以固恩宠,为此而极力向炀帝隐瞒天下动乱的实情(《隋书》之《虞世基传》、《裴蕴传》和《苏威传》),所以,即便在远征高句丽问题上,炀帝也不可能做出客观的判断。

这些为获取权力而展开的官僚之间的斗争,与对外战争的发动有没有关系呢?我们不得其详。宫崎市定先生认为,隋朝官僚的主流是北方武川镇出身的军阀官僚,他们为了立功邀赏,自然希望战争延续下去。[2] 此见解颇有意思,能否获得实证,是今后的研究课题。[3] 如果其说成立,就意味着皇帝无法驾驭军阀,军阀凌驾于皇帝之上,左右政局,那就和我上面所论的隋朝皇权大相径庭。认为此时代的皇权属于一定程度的独裁权力,还是认为受到军阀及门阀贵族的制约,是关系到继承六朝贵族制遗绪而建立的隋唐政权的历史性质的根本性问题。

1.4　东亚史的新阶段

本章着重研究了隋文帝时代与隋炀帝时代对外政策与国际关系的差异。这些无法一概以册封体制论加以阐释。但也不能否认,炀帝促使各国朝贡以提高皇帝权威的对外政策,具有以册封体制的原理处理现实国际关系的方面。隋炀帝时代,隋朝在考虑周边各国间现实的势力关系,及其对抗与均衡的基础之上,展开了积极的对外政策。其实施

---

〔1〕山崎宏《隋朝官僚的性格》(《东京教育大学文学部纪要》6,史学研究,1956 年)第 25 页指出,"五贵"之中,宇文述和苏威分别为北周系官僚的武官与文官的代表,但到炀帝末年已入老境而势力不振,而裴蕴(旧陈朝系)、裴矩(旧北齐系)和虞世基(旧陈系)分别掌控了尚书省、门下省和内史省的实权。

〔2〕宫崎市定《隋炀帝》,人物往来社,1965 年,中公文库,1987 年,收入《宫崎市定全集》第 7卷;《大唐帝国》,河出书房,1968 年,中公文库,1988 年,收入《宫崎市定全集》第 8 卷。

〔3〕韩昇《论隋朝统治集团内部斗争对隋亡的影响》(《厦门大学学报》(哲学社会科学版)1987－2)认为,隋文帝时期的统治集团是"北周统治集团中的汉族官僚和汉化鲜卑贵族"(宫崎先生所说的武川镇军阀系统),而隋炀帝排斥、抑制这些元老,"提拔和重用江南世族,更多地依靠江南集团的支持",并根据这一观点分析了杨玄感之乱和宇文化及弒君政变等事件。

对象当然包括朝鲜三国,也包括日本。

站在朝鲜各国的立场上来看当时的国际关系,在中国出现强大而统一的政权,其势力直接影响到朝鲜的部分区域,这与前代东亚地区的分裂及对立有截然不同之处。隋朝远征高句丽,得到同高句丽对立的百济和新罗的呼应,进一步激化了各国间的对立与抗争。各国在此过程中致力于增强国力,为统一半岛而战。各国间的对立和抗争并没有使中国王朝实现征服朝鲜的目的,却在后面的唐代,形成新罗统一朝鲜及建设律令国家的局面。

与此相关,新罗早在520年(法兴王七年)就“颁示律令,始制百官公服、朱紫之秩”(《三国史记·新罗本纪》),饶有意义。根据武田幸男先生的研究,这里所谓的颁示律令,是指制定百官的衣冠之制。[1] 中国的律令制是以个别地掌握人户为基础的整体统治的法律体系,当它传播到周边各国时,并非完整地、一成不变地被接纳,而是适应各国为强化王权的需要而优先导入建构官僚秩序的部分,这就是衣冠之制。

值得注意的是,日本也在600年派出遣隋使之后,制定了冠位十二阶,颁布实施以官人为对象的十七条宪法。毫无疑问,推古朝的社会基础仍然保留着古代体制。在此之上,首先建构官人秩序,以作为接受律令制的第一步,这在朝鲜和日本都是共同的。不论是新罗还是日本,此后才又系统地引进律令。可以说,朝鲜的统一,日本天皇制的强化,以及两国律令制的发展,都是在和本章所论述的国际关系相联系的过程中,大约从这个时代开始的。

本章的分析,得益于鬼头先生国际关系论的方法颇多,但对于如何看待此时代的国际关系,我和过低评价日隋关系、否认推古朝新政的鬼头先生,得出各不相同的结论。

---

〔1〕武田幸男《新罗法兴王时代的律令与衣冠制度》,见朝鲜史研究会编《古代朝鲜与日本》,龙溪书舍,1974年。

2 唐初的日唐关系与东亚国际政局

2.1 初期日唐关系与新罗、唐朝关系

经历魏晋南北朝乱世之后,中国诞生了强大的隋唐国家。当此之际,在东方的朝鲜半岛上,新罗、百济和高句丽三国围绕着半岛的统一而反复展开激烈的争战。三国都面临着如何与强大的中国势力或者联盟或者对抗的课题。特别是在与唐朝的关系上,最后出现了新罗与唐联合而同高句丽、百济对抗,最终统一朝鲜的局面,其过程错综复杂。日本史研究者称此时期为东亚动乱时代。在此动乱中,日本于 7 世纪开始与唐朝建立关系。

到此时期为止,对于日本(当时尚未有"日本"一称,而是叫做"倭国"。为方便起见,以下都使用"日本"国名)而言,与朝鲜诸国,特别是与百济、新罗的关系,比起和中国的关系更为重要(从公元 478 年倭王武遣使以后直至公元 600 年重开遣隋使为止,日中两国断绝了国交)。研究对唐朝的国交必须同与朝鲜诸国的关系联系起来考虑,因此,日本人对此时期的研究一直把重点放在与朝鲜诸国的关系上。然而,由于《日本书纪》关于朝鲜的记载混乱且含有伪造成分,因此造成各种见解歧义纷呈。有学者认为,此时期掌握日本实权的苏我氏关注与朝鲜诸国的局部的关系,而缺乏对包含中国在内的多元国际环境的认识。[1]此见解或许也受到史料记载的影响。实际上,此时期整个国际关系大局均受到中国向东方发展的影响。关于这一点,韩昇先生《唐平百济前后的东亚国际形势》一文,从中国的角度展开论述,比较明晰地勾勒

---

[1]新川登龟男《推古朝末年的佛教统摄制》,《日本历史》358,1978 年。

出了国际的形势。[1]在研究日本的动向时,把日本与唐朝的关系、朝鲜诸国与唐朝的关系作为考察的中心,能够较好地把握当时复杂的政局。

日本与唐朝的关系,在《日本书纪》里始见于"推古卅一年(623,唐武德六年)秋七月"条:

> 新罗遣大使奈末智洗尔,任那遣达率奈末智,并来朝。……是时,大唐学问者僧惠斋、惠光及医惠日、福因等,并从智洗尔等来之。于是惠日等共奏闻曰:"留于唐国学者,皆学以成业,应唤。且其大唐国者,法式备定之珍国也,常须达。"

根据井上光贞先生的研究,《日本书纪》有关此条前后的记载存在一年的误差,因此,"卅一年"应为"卅年"。[2]此时与新罗使者一道回国的僧人和医师是日本派遣到隋朝的留学生。当时还有许多留学生留在中国,因此,惠日等提议召回他们,并建议开展与唐朝的国交,学习其"法式"。此建议提出了通过发展与唐朝的国交来建设日本国家的重要课题。这一课题在以后的日唐关系中一直是最重要的国家目标。

然而,这一重要的建议并未立即被采纳,向唐朝派遣使者还拖延了相当时日,因为和朝鲜诸国,特别是新罗和百济的关系,需要进行调整。有人推测,留唐学生回国的背后,是唐朝政府的意图在起作用。[3]还有人认为,经过新罗回国,便使得在唐朝的新罗使节和日本留学生发生接触,而新罗也就成为日本对唐交通的窗口,对日本具有重要的地位。[4]然而,以苏我氏为中心的日本政权更加注重的是与百济的关系。《日本书纪》"推古卅一年(应为卅年)是岁"条记载了围绕出兵新罗的计划,亲新罗派的田中臣和亲百济派的中臣连国之间所发生的争

〔1〕韩昇《唐平百济前后的东亚国际形势》,见《唐研究》第 1 卷,北京大学出版社,1995 年。

〔2〕井上光贞《推古朝外交政策的展开》,见圣德太子研究会编《圣德太子论集》,平乐寺书店,1971 年;收入《井上光贞著作集》第 15 卷,岩波书店。

〔3〕石母田正《日本的古代国家》,岩波书店,1971 年,第 52 页;收入《石母田正著作集》第 3 卷,岩波书店。井上光贞《大化革新与东亚》,《岩波讲座日本历史》2,1975 年;收入《井上光贞著作集》第 5 卷。山尾幸久《日本国家的形成》,岩波新书,1977 年,第 136 页。

〔4〕铃木英夫《古代倭国与朝鲜诸国》,青木书店,1996 年,第 261 页。

论。大概受到归国留学生的影响,有关外交问题的争论活跃了起来。

根据上述"是岁"条的表述,论争似乎透露出日本曾经向新罗出兵过。然而,这与同年七月条新罗使者来日记载不符,因而被认为是混入推古八年的记载,或是出自编撰者的伪造[1]。也有人采纳征讨新罗的记载,但否定新罗使节曾经来过日本[2]。日本留学生自唐朝回国一事不能否定,而他们途经新罗也是事实,因此就不能不承认日本与新罗之间存在着和平交往。《日本书纪》还记载了当时人奇妙的传说,说此次出兵新罗是由于部分重臣收受新罗贿赂而策动的。这应是新罗为拒绝日本方面提出的纳贡要求而制造的阴谋。

到630年,日本任命了第一次遣唐使者。《日本书纪》"舒明二年秋八月丁酉"条记载:

> 以大仁犬上君三田耜、大仁药师惠日,遣于大唐。

此使节一行于翌年(公元631,唐贞观五年)十一月抵达唐朝(《资治通鉴》卷190,《册府元龟》卷970《外臣部·朝贡》)。大使犬上君三田耜曾担任过遣隋使,药师惠日则是先前回国并建议与唐朝建立国交者。为什么到此时才派遣使者呢?其理由不详。同年三月,高句丽和百济的使者来到日本,或许是来通告唐与高句丽之间日益紧迫的形势。

《旧唐书·倭国传》记载此时唐与日本的关系道:

> 贞观五年,遣使献方物。太宗矜其道远,敕所司无令岁贡。又遣新州刺史高表仁持节往抚之。表仁无绥远之才,与王子争礼,不宣朝命而还。

高表仁到日本一事,《日本书纪》"舒明四年(632)秋八月"条也有记载:

> 大唐遣高表仁,送三田耜,共泊于对马。是时,学问僧灵云,僧旻及胜鸟养,新罗送使等从之。

高表仁是与犬上三田耜相伴来日本的。当时,按照前述留学生建议,日

---

〔1〕鬼头清明《日本古代国家的形成与东亚》,校仓书房,1976年,第99页。铃木英夫上引著作第259页。高宽敏《古代朝鲜诸国与倭国》(雄山阁出版,1997年)第237-238页认为,此外交争论也是编造的。

〔2〕上引井上光贞《推古朝外交政策的展开》。

本曾召唤留学僧等回国。可以判明,他们经由新罗而至。据记载,高表仁于十月入居难波(今大阪)馆,翌年正月回国,似乎未曾入京,此或即唐朝方面所记载的"争礼"而归。

"争礼"应是代表中华天子的高表仁将日本视为从属国,要求遵守与此身份关系相应的礼仪。《大唐开元礼》卷129"皇帝遣使诣蕃宣劳"条记载:

> 蕃主迎使者于门外之南,北面再拜,使者不答拜。……使者诣阶间,南面立。……使者称有诏,蕃主再拜,使者宣诏讫,蕃主又再拜。执事者引蕃主进使者前,北面受诏书。

由此可知,藩国之主居于使者之下。布山和男先生以为,所争者或即是此点,似可成立。[1]

西岛定生先生指出,日本既已表明与隋朝对等的立场,自然难以接受上述礼仪,并认为唐朝存有册封日本的意图。[2] 然而,唐太宗在派遣高表仁之前已对日本使者说道:"矜其道远,敕所司无令岁贡",如果有册封的意图,一般应要求岁贡。而且,高表仁"不宣朝命而还",则即使有册封的意图,亦无暇传达。

此外,"争礼"的对象在上引《旧唐书·倭国传》中作"王子",但在《唐会要》卷99"倭国"条中作"王",《册府元龟》卷664《奉使部》"失指"条及《资治通鉴》卷193"贞观五年十一月"条均作"其王"。《日本书纪》"皇极三年(644)十一月"条记载:"苏我大臣虾夷、儿入鹿臣,双起家于甘橿冈。呼大臣家曰上宫门,入鹿家曰谷宫门,呼男女曰王子",则所谓"王"、"王子"很可能不是皇室,而是苏我虾夷、苏我入鹿父子中的哪一个[3]。

高表仁到日本的目的是什么呢? 太宗才说无须每年来朝,旋又派他出使,大概是出于日本方面的要求。但由于他"不宣朝命而还",所

---

〔1〕布山和男《新罗文武王五年会盟所见新罗与唐朝的关系》,《骏台史学》96,1996年。

〔2〕西岛定生《日本历史的国际环境》,东京大学出版会,1985年,第104页。

〔3〕金铉球《大和政权的对外关系研究》(吉川弘文馆,1985年)第351、352页认为,王子指的是苏我入鹿。

45

·欧·亚·历·史·文·化·文·库·

以没有留下有关记载。其使命显然应与当时围绕唐朝而展开的国际形势有关。《旧唐书·高丽传》记载：

> [贞观]五年,诏遣广州都督府司马长孙师,往收瘗隋时战亡骸骨,毁高丽所立京观。建武惧伐其国,乃筑长城,东北自扶余城,西南至海,千有余里。

根据《资治通鉴》记载,提议拆毁高句丽为纪念战胜隋朝所立的京观,在贞观五年二月。再据《旧唐书·太宗本纪》记载,其实际拆毁在同年八月。这一年,唐与高句丽的对立达到第一次高潮,而唐太宗考虑到位于高句丽背后的倭国,故于这年末或翌年派遣高表仁到日本。

对此,井上光贞先生说:"我们不能漏过高表仁和新罗使一同到来的事实。为什么呢? 因为唐朝正与高句丽对立,开始采取保护新罗的政策,所以,高表仁希望日本能与新罗一道支持唐朝对高句丽的政策"[1],认为唐朝期望日本能和新罗发挥相同的作用。仅就高表仁的使命而言,此分析当可成立。然而,如上所述,高表仁未传达使命就回国了。因此,山尾幸久先生说:"高表仁一直滞留在难波的客馆里。究其原因,必是高表仁承担着让倭国加入唐朝和新罗的战线的使命"[2],但如果说日本直接拒绝了唐朝的要求,则不无疑问。金铉球先生认为,此时唐朝要求日本为新罗出兵,遭到大和政权的拒绝。[3]

诚然,从这时期开始,唐朝与高句丽日渐对立,故其开始对新罗与日本做工作,丝毫也不奇怪。但是,能否认为唐朝保护新罗的政策以及唐朝与新罗的阵线已经建立了呢? 唐朝和高句丽之间的关系固然紧张,但发展为战争却是以后的事情,因此,当然还没到向新罗提出军事要求的阶段,更不会向日本提出出兵的要求。上述诸家之说认为唐朝和新罗之间早就存在固定的同盟关系,似乎强调过头了。

唐朝在高祖时代,对于朝鲜诸国之间的相互对立一贯采取不介入

[1] 上引井上光贞《大化革新与东亚》。
[2] 山尾幸久《古代的日朝关系》,塙书房,1989 年,第 370 页。
[3] 金铉球《对初期日唐关系的一个考察》,《日本历史》423,1983 年;以及上引其著第 336 页以下。

的态度。唐朝建立后,各国开始个别地向中国朝贡,到了武德七年(624),唐朝一并册封高句丽、百济和新罗王为辽东郡王、带方郡王和乐浪郡王[1],以示平等对待三国。《旧唐书·高句丽传》等记载:[2]

> 高祖尝谓侍臣曰:"名实之间,理须相副。高句称臣于隋,终
> 拒炀帝,此亦何臣之有! 朕敬于万物,不欲骄贵,但据有土宇,务共
> 安人,何必令其称臣,以自尊大。即为诏述朕此怀也。"

高祖的想法,遭到具有华夷思想的裴矩、温彦博等人的反对,但与高句丽维持和平关系的局面并未改变。此时,新罗和百济派遣使者,向唐朝控诉高句丽阻塞入朝道路。而且,三国之间战争不断,所以,武德九年(626),唐朝派遣朱子奢到三国,试图令其和睦相处。

采取这些做法,应与高祖时中国尚未统一有关。但是,这些决定下来的基本方针却持续了一段时间。上述派遣朱子奢到朝鲜,就发生在武德九年八月太宗即位之后(《旧唐书·儒学传》)。第二年,即贞观元年(627),太宗下玺书给百济王,令其停止侵略新罗。这固然是由于当时百济加强了对新罗的进攻,且百济与高句丽的关系亦呈紧张的缘故,但基本沿袭上代维持朝鲜半岛和平的政策。玺书(载《册府元龟》卷170《帝王部·来远》)说道:

> 朕已对王姪信福及高丽、新罗使令具敕通和,咸许辑睦。……
> 共笃邻情,即停兵革。

此时,唐朝尚未丧失于三国间调停的立场。

但是,贞观四年(630),唐朝灭亡劲敌突厥后,翌年即与高句丽发生上述的紧张关系。[3] 而这正好是日本派出第一次遣唐使和唐朝派遣高表仁到日本的时期。可以说从此时开始,唐朝对朝鲜半岛的政策发生了变化。高句丽修筑长城费时 16 年(《三国史记·高句丽本纪》"荣留王十四年"条),而停止向唐朝派遣使者有 10 年左右。贞观十四

---

〔1〕对朝鲜三国的册封,《旧唐书·高祖纪》、《册府元龟》卷964《外臣部·封册》系于武德七年正月;《唐会要》卷95"高丽"条、《资治通鉴》卷190 则系于同年二月。

〔2〕《唐会要·高丽》、《册府元龟》卷990《外臣部·备御》均系于武德八年。

〔3〕当然,从贞观二年、三年起,唐朝就开始收埋隋代对高句丽作战死者的尸体,而到贞观五年则毁去高句丽所筑的京观。

年(640),高句丽派王子入唐,希望恢复国交。唐朝令陈大德出面迎接,翌年,陈大德送王子来到高句丽,在其境内旅行侦察。据《资治通鉴》"贞观十五年"条记载,唐太宗听完陈大德的归国报告后说道:

> 高句丽本四郡地耳。吾发卒数万攻辽东,彼必倾国救之。别遣舟师出东莱,自海道趋平壤,水陆合势,取之不难。但山东州县凋瘵未复,吾不欲劳之耳。

心中已有征服高句丽的打算。

就在此期,642 年,高句丽发生对唐强硬派泉盖苏文领导的政变,弑君专权。正巧也在此时,百济猛攻新罗,新罗执政者金春秋怀着对高句丽新政权的期望,前来访问。但是,盖苏文已决意协助百济对唐朝作战,故金春秋遭到幽闭,好不容易才获得释放。此后(643),新罗才向唐朝求救。鬼头清明先生据此指出:"新罗选择唐朝作为国际外交的同盟者,发生在 643 年",此论大致正确[1],可以说,新罗已经没有什么选择的余地。644 年(贞观十八年),唐朝派遣相里玄奖持玺书到高句丽,但为盖苏文所拒[2],太宗遂压制其左右的反对意见,对高句丽宣战。

从以上介绍可知,新罗必然要和唐朝联合,但其与唐朝的实力并不对等。唐朝曾对新罗使者提出应付时局的三策,其第一、第二策均为权宜之计,未能强化唐与新罗的关系。关于第三策,《册府元龟》卷 991《外臣部·备御》记载:

> 尔国以妇人为主,为邻国轻侮,失主延寇,靡岁休宁。我遣一宗枝,以为尔国主。而自不可独往,当遣兵营护。待尔国安,任尔自守。

提出了以唐朝皇族取代在位的新罗女王的难题。这是同中国对异族的羁縻传统相违背的建议。不认同女王固亦有之,但如前引太宗话语所

---

〔1〕上引鬼头清明著作第 124 页。神川仁《七世纪中叶新罗与唐朝同盟的形成过程》(《信大史学》8,1983 年)也以 643 年为同盟的成立期,其实质发生在 648 年。

〔2〕《三国史记·盖苏文传》记载,唐朝在相里玄奖之后,又再派遣蒋俨前来。唐朝方面的史料,如《册府元龟》卷 662《奉使部·请行》及《旧唐书》、《新唐书》的《蒋俨传》记载他于贞观中出使高句丽,被盖苏文投入狱中,直到平高句丽后才获得释放。

示,存在着朝鲜"本四郡地",亦即属于汉代所设置的乐浪等四郡之地,自然可以作为直辖领地的意识。

新罗只能选择与唐朝结盟。所以,唐朝提出的难题理所当然反映在其内政上。647年,毗昙叛乱,企图废除女王。此次内乱被金春秋等人所镇压。据说毗昙属于亲唐的归顺派,而金春秋则属于亲唐的自立派。[1] 金春秋于648年(贞观二十二年)入唐,旋即采行唐朝的衣冠制和年号,新罗王室故而得以维持现行制度。他本人即位后称武烈王,协助唐朝征服百济和高句丽,结果取得统一朝鲜半岛和自治的胜利。

2.2 大化革新政权的对唐、对韩政策

高句丽泉盖苏文的政变,以及毗昙乱后新罗政局的变化,都是东亚国家进入动乱时期试图强化中央集权的努力。百济也在643—644年之交,发生义慈王放逐一部分王公贵族,企图独揽大权的事件。其时,遭废黜的太子丰(丰璋)兄弟及大臣沙宅智积等许多人事实上被放逐到日本当人质,负担起维系日本和百济关系的作用。[2] 645年,日本发生的大化革新,也是上述各国集权化过程中的一部分。[3] 日本学界虽然有否定大化革新的见解,但是,从东亚各国发展的大趋势来看,至少其强化中央集权的意图是不可否认的。而且,密谋发动政变的中大兄皇子和藤原镰足等人向归国留学生南渊请安和僧旻学习,推敲计划,表明其建设集权制国家的目标。

关于大化革新后的外交政策,学者之间歧义纷呈,莫衷一是。石母田正先生认为,由于苏我氏宗家被打倒而出现了由苏我氏的亲百济路

---

〔1〕武田幸男《新罗"毗昙之乱"的一个视角》,收入《三上次男博士喜寿纪念论文集·历史编》,平凡社,1985年。

〔2〕丰璋来日本的时间,《日本书纪》作"舒明三年(631)",但西本昌弘《丰璋与翘岐——大化革新前夜的倭国与百济》(《历史学家》107,1985年)一文认为,皇极二年(643)来日本的翘岐就是丰璋。

〔3〕铃木靖民《七世纪东亚的争夺与变革》,新版古代日本2《从亚洲看古代日本》,角川书店,1992年。

·欧·亚·历·史·文·化·文·库·

线向亲唐、亲新罗路线的转换。[1] 但是,倘若如此,则日本的统治阶层如何在后来发展到支援百济遗民,以至走上兵败白村江(白江)的道路呢? 令人置疑。鬼头清明先生认为,革新政府的政策是不介入朝鲜半岛的抗争,利用百济和新罗两国间的势力均衡,维持双方都来朝贡的关系。[2] 西本昌弘先生认为,在决定唐朝与新罗对百济与高句丽相互对立的 642 年(上述鬼头清明先生是以 643 年为分水岭的),日本加入了后一阵营。其后,虽然经历了大化革新,但此基本方针保持不变。[3]

有的见解固然承认早期曾有过亲新罗路线,但是,由于革新阵营内部分裂,因而出现了截然相反的外交路线。大化革新的中心人物是中大兄皇子,但他听取中臣镰足的劝告,立其叔为孝德天皇。孝德天皇上台后,迁都于难波。653 年,中大兄因为和孝德天皇不和而返回飞鸟(旧都所在地)。关于他们两人的对立,有人认为孝德天皇亲新罗而中大兄亲百济[4],有人则认为孝德天皇亲百济而中大兄亲新罗[5]。中大兄(即后来的天智天皇)是后来出兵支援百济的始作俑者,如果以为他最初属于亲新罗派,便会产生其立场是如何转变的问题。关于这一点,我认为无须将最高统治者的立场视作一成不变。其实,他们所关心的是如何保持权力,并随着条件的变化而变化。

关于革新政府的外交,出现上述截然相反的见解,令人觉得在统治上层中并不存在确定不移的方针。八木充指出,大化年间,新罗使节来访六次,百济两次,而倭国使者前往新罗两次,百济一次,因此,大化初期亲新罗和唐朝的路线成为外交基调。[6] 的确,政府在早期力图加强同新罗的国交。《日本书纪》"大化二年(646)"条记载:

> 九月,遣小德高向博士黑麻吕(玄理)于新罗而使贡质,遂罢

---

〔1〕上引石母田正著作第 48 页以下。

〔2〕上引鬼头清明著作第 122、123 页。

〔3〕西本昌弘《东亚的动乱与大化革新》,《日本历史》468,1987 年。

〔4〕上引金铉球著作第 394 页以下。

〔5〕八木充《日本古代政治组织研究》(塙书房,1986 年)第 84 页以下。山尾幸久《六四〇年代的东亚与倭国》,《青丘学术论集》3,1992 年。

〔6〕上引八木充著作第 120 页。

任那之调。

关于"任那之调",有各种意见,此不赘。新罗对此使节立即做出回应。
《日本书纪》"大化三年(647)"条记载:

> [是岁]新罗遣上臣大阿飡金春秋等,送博士小德高向黑麻
> 吕、小山中中臣连押熊,来献孔雀一只、鹦鹉一只,仍以春秋为质。

这年发生毗昙之乱,金春秋掌握实权。在此之前,他曾亲赴高句丽,此
次则是借机到日本了解情况。[1] 但是,日本政府的态度,似乎让他大
失所望,所以,翌年,他赴唐朝缔结紧密关系。

根据《日本书纪》的记载,日本政府向新罗求质,但金春秋是最高
执政者,显然不宜作为人质,事实上,他也立即回国去了。也许是为了
到日本,故以日本方面的要求为借口。像他这样的人物,要什么样的名
目都可以。但是,把此事解释为"由于贡质为服属之一形态,故可称是
对新罗外交的胜利"[2]云云,令人喷饭。战国时代,秦始皇之父曾在赵
国当人质,但却没听说过秦曾服属于赵。此后,新罗还是派来人质,这
是在与百济、高句丽敌对的困难境地中,想维持同日本的关系,而以人
质为保证。[3]

─────────

〔1〕三池贤一《论〈日本书纪〉"金春秋来朝"的记载》(《驹泽史学》13,1966年,又收入上田正
昭、井上秀雄编《古代的日本与朝鲜》,学生社)否定金春秋来日本的记载。他认为,金春秋不可能
作为人质而来。关于这一点,我的考虑如本论文所示,判断当时的国际关系状况,可以有不同的
视角。金春秋曾经访问高句丽,也曾经担任日本致唐朝国书的中介人,由其活动能力来看,他来
日本是可能的。

〔2〕日本古典文学大系《日本书纪》下(岩波书店,1965年),第300页注20。夏应元《遣唐使
初期的中、日、韩关系及倭国的对外政策》(《东亚的古代文化》86,1996年)一文,对"质"的见解不
同,但评价与新罗建立关系为"一大胜利"。然而,使金春秋对日本失望是其倒向唐朝的原因,所
以,怎么能称为是日本外交的胜利呢?

〔3〕《三国史记·新罗本纪》记载,4—5世纪之交,新罗曾向高句丽和倭国派出人质("奈勿
尼师今三十七年"和"实圣尼师今元年"条),向高句丽派人质的记载,与同书《高句丽本纪》相吻
合("故国壤王九年"条)。而高句丽在此之前曾想向扶余国派人质("琉璃明王十四年"条)。7
世纪的情况,虽然《日本书纪》记载了新罗向倭国派人质,但在《三国史记》里一无所见。但是,在
9世纪初,出现过想将政敌的王族成员送到日本当人质的情况("哀庄王三年"条),当时倭国已经
称作日本国,所以不可能付诸实行。然而,这表明曾经有过将送人质到倭国一事用于政治斗争的
记忆。百济义慈王送王子丰璋到倭国做人质,似乎与百济的政变有关联,但同时也是为了求得倭
国的担保。人质所具有的担保意义,与一般的"质"的目的相同,参阅仁井田陞《中国法制史研
究·土地法 交易法》第一部《担保、质和私人抵押制度》(东京大学出版会,1960年)。

《旧唐书·倭国传》记载：

> ［贞观］二十二（648），又附新罗奉表，以通起居。

如前所述，由于和高表仁争执，日唐间的国交遂告断绝，故新政府有必要重开对唐国交。此前到新罗的高向玄理和僧旻均为新政府的国博士，不久之后，日本制定了八省的百官制度。政府受归国留学生的指导，以仿效最初回国的留学生所介绍的唐朝"法式"来建设国家为目标，因而必然致力于恢复同唐朝的国交。为此，日本请新罗居中斡旋。从时间上看，接受此项任务的无疑就是前年来日本而于是年赴唐的金春秋。对日本怀抱不满的金春秋为何要接受此项工作？对他而言，有何好处呢？其中之一，应是想继续保持和日本的关系，而且，新罗所扮演的角色或许可以成为对唐交涉的一张牌。

所谓"通起居"，表明是寄送日常问候的信函，日本还没有达到能提出重大要求的阶段。但是，由于有此音讯送达，才使得第二次遣唐使得以实现。《日本书纪》"白雉四年（653）"条记载：

> 四年夏五月辛亥朔壬戌，发遣大唐大使小山上吉士长丹，副使小乙上吉士驹，学问僧道严、道通、道光、惠施、觉胜、辩正、慧照、僧忍、知聪、道昭、定惠、安达、道观，学生巨势臣药、冰连老人并一百二十一人，俱乘一船。以室原首御田为送使。又大使大山下高田首根麻吕，副使小乙上扫守连小麻吕，学问僧道福、义向，并一百二十人，俱乘一船。以土师连八手为送使。

第一次遣唐使往来之际，学问僧灵云、僧旻和胜鸟食等人回国（632年），其后，在639年（舒明十一年）有学问僧惠隐和惠云等，640年（舒明十二年）有学问僧清安（前面记作"请安"）和学生高向汉人玄理等人相继回国。如前所述，在这些人当中产生了革新政府的智囊。第二次遣唐使则承担着为建设革新政府所构想的未来日本国家而重新派遣众多留学生向唐朝学习佛教、制度等的任务。

然而，高田根麻吕等乘坐的第二号船在萨摩南方的竹岛遇难，仅5人生存。关于第一号船的情况，随行的道昭随玄奘学习，定惠（定慧）、道光等在唐朝留学，这几位确实到达唐朝。至于大使本人，《日本书纪》"白雉五年（654）七月条"说：

> 秋七月甲戌朔丁酉，西海使吉士长丹等共百济、新罗送使，泊
> 于筑紫。是月，褒美西海使等，奉对唐国天子，多得文书、宝物。授
> 小山上大使吉士长丹，以少花下，赐封二百户，赐姓为吴氏。授小
> 乙上副使吉士驹，以小山上。

记载了其归国与升迁情况。可是，回到筑紫的七月丁酉为二十四日，同
月内即升迁，时间上令人置疑。而且，为何会见唐天子一事在唐朝记载
里一无所见[1]？其次，此时期，"西海使"名称用于称呼派往百济的使
者（见"齐明二年"、"三年"、"四年是岁"条）。如后面所述，此时革新
政府的亲新罗政策已经发生了变化，所以，此使节或许取道百济。也有
可能大使等人滞留于百济而未抵达唐朝，颇可怀疑。值得注意的是，大
使的官位比第一和第三次遣唐使都要低。

表示革新政府方针发生变化的，是《日本书纪》"白雉二年（651）"
条的如下记载：

> 是岁，新罗贡调使知万沙飡等，着唐国服，泊于筑紫。朝廷恶
> 恣移俗，诃啧追还。于时，巨势大臣奏请之曰："方今不伐新罗，于
> 后必当有悔。其伐之状，不须举力，自难波津至于筑紫海里，相接
> 浮盈橹舳，征召新罗，问其罪者，可易得焉。"

金春秋决定改着唐装发生在649年。这一年，新罗送金多遂到日
本为质，此后至656年，每年派遣使者到日本。因此，图谋破坏日本与
新罗关系的是部分日本执政者。革新政府最初以阿倍内摩吕为左大
臣，苏我仓山田石川麻吕为右大臣，到大化五年（649）阿倍大臣死去，
苏我仓山田大臣以莫须有之罪被诛，巨势德陀古代之成为左大臣，大伴
长德为右大臣，亲百济派开始东山再起。

《三国史记·百济纪》"义慈王十三年（653）"条特地记载：

> 秋八月，王与倭国通好。

---

[1]《宋史·日本传》记载："白雉四年，律师道照求法至中国，从三藏僧玄奘受经、律、论，当
此土唐永徽四年也。"但这不是有关遣唐使的直接的记载。

饶有意思的是,这年日本派出了第二次遣唐使。也许此次使节为亲百济派所派遣,途中在百济停留,确认与百济的友谊,至八月以后再起程前往唐朝。唐朝获悉此经过,不承认其为正式的使节。因此,如果像前面所记载的那样,从唐朝获得"文书",则或为某种警告。

与此相对照,日本为修复同新罗和唐朝的关系而所派遣的,应是第三次遣唐使。《日本书纪》"白雉五年(654)二月"条记载:

> 遣大唐押使大锦上高向史玄理,大使小锦下河边臣麻吕,副使大山下药师惠日,判官大乙上书直麻吕、宫首阿弥陀,小乙上冈君宜、置始连大伯,小乙下中臣间人连老、田边史岛等,分乘二船。留连数月,取新罗道,泊于莱州,遂到于京,奉觐天子。

初期指导革新政府采取亲唐与新罗政策的高向玄理和药师惠日等亲自出使,经新罗赴唐。颇为异常的是,其出发时间在第二次遣唐使归国的七月之前,显然发生了相当紧迫的事情。在高句丽、百济同唐、新罗的对抗业已明朗的时期,第二次遣唐使取道百济,恐怕颇成问题。故有人认为,此次出使是为解决此问题而接受唐朝邀请的。[1]

第三次遣唐使于二月出发,年内进京。《唐会要》卷99"倭国"条记载:

> 永徽五年(654)十二月,遣使献琥珀、玛瑙,琥珀大如斗,玛瑙大如五升器。高宗降书慰抚之,仍云:"王国与新罗接近,新罗素为高丽、百济所侵,若有危急,王宜遣兵救之。"

《新唐书·日本传》也记载:"高宗赐玺书,令出兵援新罗。"如果第二次遣唐使存在上述问题的话,那么,唐朝当然会施加压力,要求日本加入己方阵营。实际上,唐高宗已经计划在翌年征讨高句丽,所以才直接要求日本出兵。高向玄理客死唐朝,药师惠日也消息不明,只有河边麻吕在次年八月回国,高宗的玺书大概也就在此时带回日本。然而,日本当局是否理解如此紧急的形势,令人怀疑,其过于乐观的形势判断,在此后派遣的第四次遣唐使上表现得十分清楚。总之,由于日本上层统治

---

〔1〕上引夏应元《遣唐使初期的中、日、韩关系及倭国的对外政策》。

者分裂为亲新罗派和亲百济派,所以对唐朝的要求难以回答。

然而,新罗不能容忍日本的态度。《日本书纪》"齐明三年(657)"条记载:

> 是岁,使使于新罗曰:"欲将沙门智达、间人连御厩、依网连稚子等,付汝国使,令送到大唐。"新罗不肯听。由是沙门智达等还归。

至此为止,新罗每年都派遣使者到日本,但以此前的 656 年为最后一次,新罗断绝了同日本的通交。次年,亦即《日本书纪》"齐明四年七月"条记载:

> 是月,沙门智通、智达,奉敕乘新罗船往大唐国,受无性众生义于玄奘法师所。

由此看来,新罗虽然拒绝让日本留学僧人与其国使同行,却默许民间船只搭载。在这样的时期,以处置紧急事态为目的的新罗国使,同以研究学问、输入文物为目的的日本使者之间,存在着重大差异。就这样,新罗断绝了同日本的国交,反目成仇。[1]

在此期间,659 年(日本齐明五年,唐显庆四年),日本派出第四次遣唐使。《日本书纪》"齐明五年"条记载:

> 秋七月丙子朔戊寅,遣小锦下坂合部连石布,大仙下津守连吉祥,使于大唐。仍以道奥虾夷男女二人,示唐天子。

日本方面要显示自己是和中国一样使夷狄臣服的大国,但是,中国的所有记录都记为虾夷随倭国使入朝。对中国而言,要承认在中国之外还存在其他的中华世界是困难的。

根据《日本书纪》所引《伊吉连博德书》的记载,可以详细了解此次遣唐使的行踪。这批使节分乘两船,不经过新罗,而是从百济西南的岛屿出海,横穿东海而非黄海。石布一行漂流到南海岛屿被杀害,仅 5 人逃到括州(今浙江丽水),被送入洛阳。吉祥所乘船只到达越州,闰十月三十日于洛阳谒见高宗。十二月,唐朝下敕称:"国家来年必有海东

---

〔1〕上引鬼头清明著作第 135 页。

之政,汝等倭客,不得东归。"把日本使节幽闭于长安,直到翌年九月,亦即平定百济之后。唐朝曾让第三次遣唐使带去要日本援助新罗的玺书,未获答复,故认为日本站在百济一边。十一月一日,令日本使节在洛阳观看凯旋大军从百济押回的百济王等俘虏,这也许是唐朝的示威行动。翌年(661)四月一日,日本使节自越州起程回国,而此时日本已经决定出兵朝鲜了。五月二十三日,归来的使者向身在九州朝仓宫的齐明天皇汇报出使经过。

一直以高句丽为主要敌国的唐朝,转而首先进攻百济,这应是648年金春秋赴唐游说的结果。《三国史记·新罗纪》"真德王二年(648,唐贞观二十三年)"条记载:

> 春秋跪奏曰:"臣之本国,僻在海隅,伏事天朝,积有岁年,而百济强猾,屡肆侵凌。况往年大举侵入,攻陷数十城,以塞朝宗之路。若陛下不惜天兵翦除凶恶,则敝邑人民,尽为所虏,则梯航述职,无复望矣。"太宗深然之,许以出师。

唐朝承诺出兵百济。铃木英夫先生认为,至此,唐与新罗同盟把百济也列为攻击对象。[1] 而新罗也因此更深地服属于唐朝,采行其年号服饰。

唐朝在观察百济一段时间之后,于660年(唐显庆五年)三月,决定借救援新罗之机出兵百济。七月,唐与新罗联军侵入百济领地,八月,攻陷王都,俘虏义慈王君臣,于百济置熊津都督府等5都督府、37州、250县(《唐平百济碑》)。百济原置5部、37郡、200城(《旧唐书·百济传》等),唐朝沿袭其制而欲行羁縻州制度。龙朔三年(663),唐朝封新罗王为鸡林州都督(《旧唐书·新罗传》),百济的羁縻州大概也设置于此时。

百济国虽然灭亡了,但是,不久之后其遗民再起,拥戴在日本的王子丰璋,向日本请求援兵。翌年,齐明天皇行幸九州朝仓宫,于此身陨,

---

〔1〕上引铃木英夫著作第310页。但是,上引韩昇的论文认为,唐朝与百济为敌发生在唐高宗时代,即650年代。

皇太子中大兄(天智天皇)继位,出兵百济。663 年(日本天智二年,唐龙朔三年),日军与唐、新罗联军激战于白村江(白江)江口,大败而归。池内宏先生对此有详细的研究。[1]

日本为什么会与大国唐朝为敌,进行军事冒险呢?如上所述,其亲唐、新罗路线出现破绽,故转而采取亲百济的路线。此时,至关重要的百济灭亡,无疑给了日本统治者以沉重的打击,要护送丰璋以复兴百济国,就必然在军事上介入战端。《日本书纪》"齐明六年(660)冬十月"条注说:

> 或本云:"天皇立丰璋为王,立塞上(丰璋之弟)为辅,而以礼发遣焉。"

可以见到册立丰璋为王的记载。石母田正先生说:"由此可以看出日本企图通过救百济,以取代唐朝,对百济获得高于以往朝贡与被朝贡关系的地位。"[2]八木充也说:"军事介入的实质,……完全是为了册立百济王。……在此意义上,可以明白看出,倭国统治者试图在以唐为中心的东亚国际秩序框架内,对百济王室建立起宗主关系。"[3]

对于日本统治者而言,能否拥有附属国是关系到国家存亡的问题。这是由于从中国输入华夷观念的大国沙文主义而建构起权威的缘故。在《日本书纪》中,有不少朝鲜各国"朝贡"的事例,这些都是根据华夷观念把所有来访者都视作朝贡者的记载。朝贡者地位卑下,受到蔑视。当然,这些都是被朝贡国(此指日本)的自我意识。事实上,朝鲜各国并未附属于日本。以中国的事例而言,朝贡国的一部分获得册封,在此情况下才产生臣属或服属关系。但是,在日本和朝鲜各国之间,没有证据表明存在过册封关系。只是朝鲜各国在相互斗争中,输"质"或纳"任那之调"以满足日本统治者。百济灭亡,这种关系的基础就不复存在,相反,如果百济能成功地复兴,将获得使统治朝鲜的意图变为现实

---

〔1〕池内宏《满鲜史研究》上世第二册,吉川弘文馆,1960 年,第 97 页以下。

〔2〕上引石母田正著作第 70 页。

〔3〕上引八木充著作第 101、102 页。高宽敏前引著作第 263 和 264 页根据当时实际的兵力关系,否定以上见解。或许可以认为,缺乏客观判断的倭国统治阶层,存在着宗主意识,故而发动"帝国主义式"的战争。

的机会。换言之，日本统治者实现统治朝鲜的意图的机会，正在于支撑此意图的基础行将消灭之时。耽迷于此意图中的日本统治者并不能客观地发现其中的矛盾，为此而卷入愚蠢的战争，惨遭败北。[1]

有的研究认为，日本朝廷不得不出兵百济的原因，在于百济移民与朝廷的紧密关系，由此考察，出兵与否是关系到政权生存的问题。[2]日本古代政权同外来移民之间的紧密关系是不能否认的事实，特别是在文化、技术等方面，由于先进的外来移民的帮助，才使得日本古代国家得以巩固强化，甚至在统治阶层的权力斗争中，他们的介入也具有重要的意义。但是，《日本书纪》对此语焉不详。古人大兄皇子曾经就开启大化革新的诛苏我入鹿事件说过这样一句非常有名的话："韩人杀鞍作臣。"《日本书纪》于其下注释道："为因韩政而诛。"这可以说是牵强附会的解释，但外国移民参与策划行使武力，固可无疑。后来，革新政府分裂，中大兄打算回到飞鸟地方，显然是以百济移民的支持为依恃的，并与其后出兵百济相联系。这些是我的推测，史籍未存证据。重视外国移民与其故国的关系固属自然，但是，他们对大和政权的支持，并不一定总是受其故国的利害关系所左右。例如，成为革新政府智囊的归国留学生全都是外国移民，在派往隋朝时，几乎全都冠有"汉人"名号，因此应出身于百济。但是，为了大和政权，他们谋划与新罗修好。我们应该认识到，大和政权本身，除了外国移民之外，还有由倭人贵族和各地豪族所组成的固有的结构，因此也有其固有的政策指向。

---

〔1〕新日本古典文学大系《续日本纪》第 1 卷第 253 页补注 41"神龟年以前的对新罗外交"、同书第 2 卷第 550 页补注 21"天平年以后的对新罗外交"的解释说，新罗统一之后，由于受到唐朝的压力，故新罗使节承认向日本朝贡的形式，但是，到 8 世纪中叶以后，便拒绝了日本的朝贡要求。由于新罗王并没有向日本递交国书，故其承认日本的朝贡体制与否，令人置疑。所以，解说文中写作"新罗使节"。日本的遣唐使到唐朝时，虽然称作"日本国朝贡使"，但是，日本国朝廷并没有向唐朝承认服属。

〔2〕林宗相《七世纪中叶百济与倭国的关系》，原载《历史科学论文集》1,1970 年。后翻译收录于井上秀雄、旗田巍编《古代日本与朝鲜的基本问题》，学生社。

2.3　天智朝的日唐交往及其背景

日本派往百济的援军,由各自独立的豪族军队拼凑而成[1]。通过战争,天皇获得了集中军事力量的机会[2]。而中央同豪族的关系,还左右了其后爆发的壬申之乱。经过这一战乱,中央终于能够集中权力,制定律令,建设效法唐朝的国家。从朝鲜战败到壬申之乱的天智朝,正处于这一过渡时期。此期,大陆上,唐和新罗灭亡高句丽,旋而产生纷争,最后由新罗统一了朝鲜半岛。天智朝自从朝鲜败退后,不得不被动地同大陆进行交涉,在大陆方面,直至此演变过程结束,一直同日本保持接触。

白村江战后的第二年,《日本书纪》"天智三年(664)条"记载:

> 夏五月戊申朔甲子,百济镇将刘仁愿,遣朝散大夫郭务悰等进表函与献物。

关于此事,《善邻国宝记》引成书于8世纪的《海外国记》记载:"天智天皇三年四月,大唐客来朝,大使朝散大夫上柱国郭务悰等卅人、百济佐平祢军等百余人,到对马国……"并记其所上表函为"将军牒书一函"。"将军"即是《日本书纪》记载的"镇将刘仁愿",或认为是"刘仁轨"之误[3]。将郭务悰等30人和百济贵族百余人分开记载,大概是为了表示郭务悰是直属于百济镇将的中国人。

一般认为,此次来使的目的在于维持统治百济的现状[4]。松田好弘先生认为,应该把此年与翌年熊津都督扶余隆和新罗王或王族两次

---

〔1〕上引鬼头清明著作第158页以下。鬼头清明《白村江——东亚的动乱与日本》,教育社历史新书,1981年,第135页以下。

〔2〕上引山尾幸久《日本国家的形成》第182页。

〔3〕郑孝云《白村江战后的对外关系》,《古代文化》45－3,1993年。

〔4〕上引韩昇论文指出,白村江战后的唐朝外交方针是,"为了集中力量打平高句丽,遂积极展开外交活动,稳定南面,防止日本再度介入",派遣郭务悰的目的就在于此。此论与日本研究者的见解蕴意不同,深值注目。

·欧·亚·历·史·文·化·文·库·

进行的会盟,同郭务悰一行的使命放在同一条线上来考虑。[1] 关于会盟,665 年的第二次会盟文尚存,为刘仁轨所撰,其中明记唐遣使人刘仁愿令扶余隆与新罗王缔结和亲,显然是唐朝强制的产物。[2] 刘仁轨是负责平定百济及其战后经略的人物,《旧唐书》卷 84《刘仁轨传》录其上表道:"陛下若欲殄灭高丽,不可弃百济土地。……倭人虽远,亦相影响。"故而要求新罗发誓保全百济领土,并向日本派遣使者以求建立友好关系。

但是,事情发生在日本战败后的翌年,故日本方面不能理解唐朝的真意而心怀恐惧。[3] 郭务悰五月来访,十二月返回,日本方面对其待遇议论纷纷,或许也同郭氏一行反复交涉,最后,根据《海外国记》记载,日本政府以郭务悰等为"百济镇将私使",不让其进京[4],仅以"日本镇西筑紫大将军,牒在百济国大唐行军总管"的形式给予回书,赐物飨宴(《日本书纪》"天智三年十月"条),总算郑重接待并予送返。《日本书纪》记载:"是岁,于对马岛、壹岐岛、筑紫国等,置防[人]与烽。又于筑紫筑大堤贮水,名曰水城",表现出日本的警戒心态。防御设施的建设,此后仍在进行:天智四年,在长门国修筑一城,在筑紫修筑大野城和椽城;天智六年,又分别在大和修高安城,在赞岐修屋岛城,在对马修筑金田城等。

次年,唐朝派遣刘德高到日本,这也许是上一年日本将郭务悰视为"私使"的结果,也许是日本在与郭务悰的折冲中提出派遣正式国使的要求。前述韩昇先生的论文认为,派到筑紫的中臣内臣与郭务悰之间

---

〔1〕松田好弘《论天智朝的外交——与壬申之乱的关系》,《立命馆文学》415－417 合刊号,1980 年。关于"会盟"关系,在铃木靖民《百济救援之役后的日唐交涉》(《续日本古代史论集》上,1972 年)一文中也有论述。

〔2〕参阅上引布山和男论文。

〔3〕王勇《唐人郭务悰使日事迹述略》,收入其著《中日关系史考》,北京,中央编译出版社,1995 年,第 34 页。

〔4〕铃木治《白村江——古代日本的败战与药师寺之谜》(学生社,新装版,1995 年)第 57 页认为,《日本书纪》所载"冬十月乙亥朔,宣发遣郭务悰等"之"发遣",乃"上京"之意,并同十月这一时间相联系,认为应是将他们送回百济占领地的敕令。与敕令同时,还"赐物"与"飨宴"。

讨论了战争的善后与国交问题,其结果是刘德高访日。[1] 关于此事,《日本书纪》"天智四年(665)"条记载:

> 九月庚午朔壬辰,唐国遣朝散大夫沂州司马上柱国刘德高等。

其注说:"等谓右戎卫郎将上柱国百济祢军、朝散大夫柱国郭务悰,凡二百五十四人,七月廿八日,至于对马,九月廿日,至于筑紫,廿二日,进表函焉。"百济祢军和郭务悰,与前引《海外国记》有关上次使节的记载重复,但人数和日期不同,故可解释为上回使团中有交往经验者随行。刘德高任沂州(山东)司马,可资证明他来自唐朝本土,而《日本书纪》"白雉五年二月"条记载伊吉博德所言"定惠以乙丑年付刘德高等船归",由唐朝归国的留学僧相从随行,亦可作为旁证。[2]

日本方面如何接待刘德高,缺少记载,虽说十月飨宴,十一月赐物,但是于何处举办却不清楚,仅《怀风藻·中大友皇子传》记载:"唐使刘德高见而异曰:此皇子风骨不似世间人,实非此国之分",似曾入京。《日本书纪》所载:"冬十月己亥朔己酉,大阅于菟道(宇治)",似乎也和刘氏进京有关。十二月,刘德高等回国。

《日本书纪》同年条记载:

> 是岁,遣小锦守君大石等于大唐。云云。

其注载:"等谓小山坂合部连石积,大乙吉士岐弥、吉士针间。盖送唐使人乎。"上面引文中的"云云",或表明《日本书纪》的编者并无确证,或如后述,他们是名誉不佳的使者,故而受欺骗。可以看得出来,当时是想按照唐朝使节刘德高的送使来处理的。一般以此一行为第五次遣唐使。[3]《日本书纪》"天智六年(667)"条记载:

> 十一月丁巳朔乙丑,百济镇将刘仁愿,遣熊津都督府熊山县令上柱国司马法聪等,送大山下境部连石积等于筑紫都督府。

---

〔1〕上引韩昇论文。

〔2〕上引池内宏著第 200 页。小林惠子《白村江之战与壬申之乱》(现代思潮社,1987 年)第 158 页认为,定惠大概是在此之前从唐朝回到百济的。

〔3〕山尾幸久《遣唐使——律令国家的意义及其性质》(《东亚世界中的日本古代史讲座》6,学生社,1982 年)并不以此为第五次遣唐使,但在其后来出版的《古代日朝关系》第 440 页注 6 作了订正。

·欧·亚·历·史·文·化·文·库·

一般认为,所送人物与前条注文中的坂合部连石积为同一人,从出使至归国,历时两年,故至少副使石积到过唐朝。[1]

和此期遣唐使相关的还有以下问题。《册府元龟》卷 981《外臣部·盟誓》在上述 665 年(唐麟德二年)八月熊津都督扶余隆与新罗王会盟后记载:

> 于是仁轨领新罗、百济、耽罗、倭人四国使,浮海西还,以赴太
> 山之下。

那么文中的"倭人"使节和遣唐使是什么关系? 此倭人使者是想参加麟德三年正月在泰山举行的封禅仪式。《册府元龟》卷 36《帝王部·封禅》记载:

> [麟德]二年十月丁卯,帝发东都赴东岳。从驾文武兵士及仪
> 仗法物,相继数百里,列营置幕,弥亘郊原。突厥、于阗、波斯、天竺
> 国、罽宾、乌苌、昆仑、倭国及新罗、百济、高句等诸蕃酋长,各率其
> 属扈从,穹庐毡帐及牛羊驼马,填候道路。……[十二月]丙辰,发
> 灵岩顿,至于太岳之下。

表明倭使是参加了十月自洛阳出发的唐高宗行列。或许可以这样理解,上述引文把十二月赶到泰山参加活动者也都一并加入记载。

现在的问题是,这两条记载中的倭国使与前述送刘德高的使者之间有什么关系? 唐高宗的封禅,在灭百济破倭军的次年,即麟德元年(664)七月发出预告(《新唐书·高宗纪》)。因此,仪式上如果没有倭国和朝鲜各国使节参加,就显得不完整。上引《册府元龟》的记载不能否定。因此,有人认为,郭务悰或刘德高的使命是要求日本参加封禅。[2] 但是,如果第五次遣唐使是在刘德高归国时与其一道离开日本的,则时间在 665 年十二月十四日赐物之后(《日本书纪》同年条),无论如何,十二月中无法赶到泰山。因此,两处记载的倭国使应加以区

---

〔1〕上引池内宏著作第 208 页。

〔2〕上引石母田正著作第 69 页;上引山尾幸久《古代的日朝关系》第 426、427 页;松田好弘上引论文;郑孝云上引论文。在郭务悰和刘德高两人之间,谁为要求日本参加封禅的使者问题上,意见分歧。

分,刘德高来日当年,日本所派出的守君大石一行并非送使,他们早在刘德高之前已离开日本。

池内宏先生认为,白村江战役中投降的倭人被作为倭国使带往中国,而守君大石等为刘德高的送使[1]。铃木靖民先生认为,是以前在朝鲜地方从事外交活动的日本人参加封禅[2]。但是,如果此时期存在这种日本人,则是十分重要的事,有必要就此进行论证。在送使问题上,铃木与池内见解相同。但是,以上诸说所认为的存在两种倭国使,却与唐朝方面的记载不一致。除了参加封禅的倭国使之外,唐朝并无其他遣唐使的记录。尽管其他还有接受《日本书纪》送使说的见解,可是,如果回避参加封禅的倭国使问题,则其见解都不能成立。在日本古典文学大系本《日本书纪》补注中,山尾幸久、郑孝云等先生认为,守君大石等参加了封禅[3]。大庭修先生认为,他们是应唐朝的要求而参加的,就像第二次世界大战后在密苏里号军舰[4]上的日本代表一般[5]。

如此,则刘德高的送使当如何解释?或无送使?或以《日本书纪》中与大石一起出现的吉士岐弥、吉士针间为送使?[6]把"遣于大唐"者同参加封禅的大石等人区分开来,同样是承认有两种倭国使。我以为,送使仅送至熊津都督府一带,并未送到唐朝。

前引《日本书纪》"天智六年(667)十一月乙丑"条记载,百济镇将刘仁愿派部下司马法聪等送回境部石积。司马法聪在日本仅逗留4天,就在伊吉连博德和笠臣诸石的护送下返回。伊吉博德等人回国在翌年正月,显然仅送至熊津都督府就回来了。一般认为,司马法聪来日

〔1〕上引池内宏著作第178、207页。

〔2〕上引铃木靖民《百济救援之役后的日唐交涉》。

〔3〕日本古典文学大系《日本书纪》下,第581页。上引山尾幸久《古代的日朝关系》第207页;郑孝云上引论文。据此,则守君等人先到熊津都督府,再随刘仁轨赴泰山。与此相关,松田的论文研究守君等人是否参加过会盟的问题。由于没有确凿的证据证明倭人参加会盟,所以没有必要去讨论它。

〔4〕日本在第二次世界大战战败,1945年9月2日上午9时,在停泊于东京湾的美国军舰密苏里号举行投降签字仪式。——译注。

〔5〕大庭修《古代中世日中关系史研究》,同朋舍,1996年,第175页。

〔6〕松田好弘上引论文。

和唐朝进攻高句丽有关。[1] 唐朝在派遣此使节的前一年,即从乾封元年(666)末开始进攻高句丽,据《新唐书·高句丽传》,刘仁愿以毕列道行军总管出征。在此形势下,高句丽于同年五月和十月两度派遣使者到日本,而在高句丽,盖苏文的儿子之间发生内讧,长子男生奔唐求援,此情报也在翌年传到日本(《日本书纪》)。故刘仁愿大概是为了牵制日本而派遣使者的。

高句丽于668年(唐总章元年)九月灭亡,此消息似乎迅速传到日本,故《日本书纪》于当年"十月"条记载了此事。高句丽灭亡之后,唐与新罗的对立自在意料之中。新罗使节在天智七年(668)、八年(669)连续来到日本。最初到来的使者是金东岩,归国时,日本送给新罗王船一只等物品,派遣道守臣麻吕、吉士小鲔为使者到新罗。此后,只要唐与新罗的对抗纷争不停止,则新罗使者便连年到日本。[2]

在新的国际形势中,日本也注意同唐朝的关系。从介入百济之乱遭到惨败,而后作为东夷之一国参加高宗的封禅活动,尚未经过多长时间。平定高句丽据有朝鲜半岛的唐朝,会如何对待日本,并不清楚。[3]《日本书纪》"天智八年(669)"条记载:

> 是岁,遣小锦中河内直鲸等,使于大唐。

一般以此作为第六次遣唐使。唐朝方面与此条相关的史料有两种,一是《册府元龟》卷970《外臣部·朝贡》所载:

> [总章二年(669)]十一月,倭国并遣使,献方物。

二是同条之后所载:

> 咸亨元年(670)三月,倭国王遣使,贺平高丽。

关于后一条,《唐会要》卷99"倭国"条亦载:

---

〔1〕上引铃木靖民《百济救援之役后的日唐交涉》;松田好弘上引论文;新藏正道《"白村江之战"以后的天智朝外交》,《史泉》71,1990年。

〔2〕参照古畑彻《七世纪末至八世纪初的新罗与唐朝的关系》表Ⅲ,《朝鲜学报》107,1983年。

〔3〕《三国史记·新罗本纪》"文武王十一年(671)七月"条收录了文武王给唐朝行军总管薛仁贵的信件,其中称:"至总章元年(或为二年之误。669)……又通消息云,国家(唐)修理船艘,外托征伐倭国,其实欲打新罗。百姓闻之,惊惧不安。"上引松田论文据此认为唐朝确实有进攻日本的计划,然而,此段引文说的是唐朝为了隐蔽进攻新罗的准备而以征伐倭国作借口,实际上并不是要进攻倭国。上引新藏论文作了详细的反驳。

咸亨元年三月,遣使贺平高丽,尔后继来朝贡。

此条亦为《新唐书·日本传》所采用,而前条记载仅见于《册府元龟》。

日本的遣唐使,未等上回使节回国就再度发遣的事例,除了上述具有特殊缘由的第二和第三次遣唐使外,整个唐朝再未有过。因此,这次的遣唐使一定是河内鲸一行。此次使节是在知道平定高句丽之后出发的,因此,离开日本的时间最早也在十月。他们有一艘船只遇上风暴而于十一月漂流到达,若非如此,就是被误认作入港的私人船舶,其记载有误解。十月以后出发的使团到达唐都并谒见高宗,记载上将此事系于翌年三月是妥当的。须加注意的是,这年日本也向新罗派出使节(《日本书纪》"天智九年九月"条)。

《日本书纪》"天智十年(671)正月"条记载:

辛亥,百济镇将刘仁愿,遣李守真等上表。

如上所述,刘仁愿参加平定高句丽之役,并因在攻克平壤之前踌躇不进的罪名,于668年被流放。因此,这条记载有误。据记载,李守真于同年七月回国,可以肯定他是自百济而来的。同在此年正月,佐平余自信、沙宅绍明、鬼室集斯、达率谷那晋首、木素贵子、亿礼福留、答炴春初、炴日比子、赞波罗、金罗金须、鬼室集信、达率德顶上、吉大尚、许率母、角福牟等五十余人来日本。二月和六月,自称百济使人的使者到来,六月,"宣百济三部使人所请军事"。是月,新罗使者亦至。从670到671年,新罗加紧对原百济领地的进攻,并在百济旧都扶余设置夫里州。上述正月百济贵族的到来,是到日本亡命。李守真的使命大概是传达百济的形势,了解百济人流亡的情况。他是否谋求军事援助,不得而知,但从日本政府"宣军事"来看,至少其后到来的百济使人提出了军事方面的要求。一般认为,日本政府的"宣军事"乃是拒绝予以军事援助。

《日本书纪》是年条的以下记载,概述了这一形势:

十一月甲午朔癸卯,对马国司遣使于筑紫大宰府言:"月生二日,沙门道久、筑紫君萨野马、韩岛胜裟婆、布师首磐四人,从唐来日,唐国人郭务悰等六百人,送使沙宅孙登等一千四百人,总合二千人,乘船卅七只,俱泊于比知岛,相谓之曰,今吾辈人船数众,忽然到彼,恐彼防人,惊骇射战,乃遣道久等,预稍披陈来朝之意。"

其实,在《日本书纪》"天智天皇八年是岁"条也有"又大唐遣郭务悰等二千人"的记载,此与"十年"条重复,从事件的背景分析,似作十年为妥。[1] 由于是大队人马,所以先派遣四人到对马,向太宰府报告。或以为此大队人马是百济领地残留的唐与百济难民[2],或以为是当地的日本战俘[3],也有人指出,后者中含有若干在唐留学生归国者。总之,它表明新罗最终吞并了百济。[4]

此行人在抵达九州的次月,由于天智天皇的逝世,使得接待他们不得不拖到 672 年(天武天皇元年)三月[5]。《日本书纪》记载:

元年春三月壬辰朔己酉,遣内小七位阿昙连稻敷于筑紫,告天皇丧于郭务悰等。于是郭务悰等,咸着丧服,三遍举哀,向东稽首。壬子,郭务悰等再拜,进书函与信物。

关于所进的"书函",《善邻国宝记》"上鸟羽院元永元年(1118)"条在菅原在良论外国国书体例中说:

---

〔1〕上引小林惠子著作第 160、161 页认为,因为天智八年是高句丽灭亡的第二年,所以将高句丽的流亡人口带来。但是,"二千余人"这样庞大的数字,也同"天智十年"条的记载相同,因此,视作重复记载,比较自然。

〔2〕上引池内宏著作第 212 页,及铃木靖民《百济救援之役后的日唐交涉》。

〔3〕上引松田好弘论文;直木孝次郎《古代日本与朝鲜、中国》(讲谈社学术文库,1988 年),第 203 页以下。

〔4〕关于天智十年郭务悰来日的目的,除前面介绍之外,根据直木孝次郎先生的命名,有"威压怀柔说"和"谋略部队说"等(其上引著作)。属于前者的有森克已《遣唐使》(至文堂,1955 年)第 23 页,上引西岛定生《日本历史的国际环境》第 121 页等。后者的代表,如上引铃木治《白村江》第 62 页以下认为,目的在于暗杀天智天皇,挑起壬申之乱,建立天武朝的傀儡政权;上引小林惠子著作第 127、174 页以下也认为,驻扎百济的唐朝军队和新罗勾结,协助天武天皇登基。反对的意见,如大和岩雄《古事记与天武天皇之谜》(六兴出版,1979 年)第 146 页以下认为,郭务悰率领的军兵站在大友皇子一侧,压制在吉野的大海人皇子(天武),郭务悰回国后,新罗支持天武,使之获得胜利。对于上述主要观点,直木先生进行了详细的批判,这些见解颇带有对当时形势的误解和武断。

〔5〕这里所依据的是《日本书纪》的纪年,但是,众所周知,在天智与天武天皇交替之际,颇有不明之处。据其记载,郭务悰来的十一月,大友皇子正在大内西殿的佛像前,和苏我赤兄等五位左右大臣及其他官员举行盟誓,当时,大友皇子掌握实权是肯定的,而后,经历了天智天皇驾崩等变故,到翌年郭务悰进书函时,应是向大友皇子(或已即天皇位)递交的。

天智天皇十年,唐客郭务悰等来聘,书曰:"大唐[皇]帝敬问日本国天皇云云。"天武天皇元年,郭务悰等来,安置大津馆,客上书函题曰:"大唐皇帝敬问倭王书"。

此记载混乱,似乎郭务悰等二度来日,实际上,如上所述,他于天智天皇十年十一月来,到天武元年三月一直滞留于筑紫的大津馆。因此,并无两件国书,只有一件。从"日本国天皇"与"倭王"的差异亦可证明此点。因为此时尚未有日本国名,所以,具有说服力的见解认为,天皇称号是后来才制定的。唐朝的皇帝要称呼日本君主,只能是"倭王"。8世纪以后,才称作"日本国王",但没有称天皇的。"日本国天皇"一称,是后来在日本国内将倭王偷梁换柱所作的手脚(参阅下一章)。

此使节有自唐朝回国的留学生随行,并携带国书,表明是与本国有联系的正式使节。书函以"皇帝敬问"起首,表明与新罗对抗的唐朝郑重地对待日本[1],或许是对日本有所求。若是,则其目的除了前述的要求接收难民、遣还俘虏之外,应该还有协助对新罗作战的要求。郭务悰于五月回去,其时,日本方面给予甲胄、弓矢、绝、布、绵等武器和衣料。[2] 或许有更多的要求,但是,如前述,日本曾拒绝百济使人的"军事"要求,因此不能超越此界限。郭务悰一行人大概怀着与新罗一战的心情踏上归途。有趣的是,在郭务悰到来的前一年十一月,日本也送给新罗王绢、绝、绵、韦等物资(《日本书纪》"天智天皇十年十一月"

---

〔1〕参阅金子修一《论唐代的国际文书形式》,《史学杂志》83-10,1974年。

〔2〕给予郭务悰的衣料为"绝一千六百七十三匹,布二千八百五十二端,绵六百六十六斤",都有零数,相当奇妙。对此,前引直木孝次郎著作第202页解释道,这是接收俘虏的代价。显然,日本方面是以某种计算标准得出上述数字的。按照直木先生所说,唐朝的国书共有两件,但是,这两封国书都是郭务悰在筑紫写的。最初一封国书要求日本出兵,在得到日本的回答后,又写了第二封国书,改作要求支付俘虏的身价。此论离奇至极。唐朝国书只能是一件,其中有可能包含要求日本出兵的内容。至于俘虏的身价,从国书这种郑重的形式来看,是不相符合的。就算是一种身价,也是根据日本方面的名目算出来的数字。

条）。由此可知,日本在唐朝和新罗之间小心地保持中立。[1]

　　郭务悰回国后的次月,日本爆发了壬申之乱,其结果是确立了天武天皇的权力。在大陆,唐朝确保百济领地的努力失败,而新罗还进一步支援高句丽遗民叛乱,大致统一了朝鲜半岛。其后,在东北地区,契丹和渤海的势力兴起,来自吐蕃与突厥复兴的压力增大,唐朝遂与新罗和解。为此,日本得以免除来自唐朝的威胁,专心致志于中央集权的国内改革,并于700年完成大宝律令,翌年决定再派遣唐使,重新开始学习唐朝文化。[2] 其局面与唐初为防备东亚动乱而展开的对唐交往截然相反。

〔1〕天智天皇亲百济,而天武天皇亲新罗。特别是到白村江之战为止,天智天皇是亲百济的,但是,到战败后,他不能不全力以赴保持政权的安定。即使希望得到百济移民的支持,但由于百济国家已在唐朝的占领之下,唐朝和新罗的对立日趋激化,此时此刻,作为统治者必定会注意不要卷入唐朝和新罗的抗争当中。这一点,从《日本书纪》的记载也可以看得出来。到天武天皇时代,新罗已经完全吞并了百济故地,其与唐朝的对立仍在继续,因此注重同日本的关系。另一方面,唐朝正忙于同东北、北方和西方的各个民族打交道,无暇顾及日本。日本方面有过同唐朝打交道的经验,对与唐朝的交流仍然保持着高度警惕。因此,天武天皇时代国家级别的外交,理所当然地仅限于新罗。另外,据前引古畑彻论文,新罗和唐朝的和解,在天武天皇时代之后。

〔2〕从天智天皇于669年派出遣唐使,到701年决定再开对唐交往为止,日本和唐朝没有正式的国交。但在此期间,天武和持统两朝确立了律令国家体制。《飞鸟净御原令》和《大宝律令》的蓝本是唐《永徽律令》,编纂者中有伊吉博德,他于659年到唐朝,推测将651年完成的《永徽律令》带了回来(泷川政次郎《律令的研究》,刀江书房,1931年)。在伊吉博德之前的653、654年也曾经派过遣唐使,也有到唐朝的留学生,故《永徽律令》或许已经输入日本。天武和持统两朝与新罗的交流频繁,在天武朝建立的各项制度中,可以看出新罗的影响,但是,律令所追求的目标是唐朝式的统治人民的方式(铃木靖民《日本律令国家与新罗、渤海》,收入其著《古代对外关系史研究》,吉川弘文馆,1985年)。此外,天武和持统两朝虽然和唐朝没有国交,但却屡有留学生从唐朝归来,因此并非没有接触新的唐文化的机会。关于留学生归国问题,黄约瑟《武则天与日本关系初探》(收入《中国唐史学会论文集》,西安,三秦出版社,1989年)一文认为,以唐朝和新罗修复关系为背景,存在着唐(武周)国家所进行的工作。如果是这样,那么,唐朝的工作和日本内部的形势共同促使遣唐使的再派遣。

3 日本与隋唐王朝间的国书

3.1 中国与各国交换国书的意义

中国与周边各国交换的国书中,记载上年代最早的出现在汉朝初期其与匈奴之间。汉朝皇帝给匈奴送去如下国书:

> 皇帝敬问匈奴大单于无恙。(《汉书·匈奴传》)

匈奴方面答复的国书为:

> 天所立匈奴大单于敬问皇帝无恙。(同上)

有的国书则称:

> 天地所生日月所置匈奴大单于敬问汉皇帝无恙。(同上)

当时,汉朝和匈奴之间进行着对等的国交,而在实力上,匈奴还占据上风。这种关系,从以上的国书的言辞可以得到反映。

汉初,南越成为汉朝的属国,但是,到吕后执掌汉朝权柄时,又从汉朝的统治下分离了出去。汉文帝即位后,给南越送去如下一封国书:

> 皇帝谨问南粤王,甚苦心劳意。(《汉书·西南夷两粤朝鲜传》)

言辞亦甚谦和,反映出汉朝想拉拢南越的意图。

隋初,突厥伊利俱卢设始波罗可汗强盛,给隋高祖送去如下国书:

> 从天生大突厥天下贤圣天子、伊利俱卢设莫何始波罗可汗,致书大隋皇帝。(《隋书·突厥传》)

对此,隋高祖(文帝)回书道:

> 大隋天子贻书大突厥伊利俱卢设莫何沙钵略可汗。(同上)

这些国书都反映出隋与突厥对等的实力关系。不久之后,突厥可汗臣服于隋朝皇帝。这时,突厥送来的国书,其文为:

> 大突厥伊利俱卢设始波罗莫何可汗,臣摄图言。(同上)

摄图就是伊利俱卢设始波罗可汗的名字。臣下向皇帝上言时，必须在"臣"字后面直书名字，不书姓，伊利俱卢设始波罗就是按照此规矩书写的。如上所述，国书的形式很好地反映出国家与国家之间的关系。

在唐代，唐朝皇帝致突厥、回纥、铁勒、吐蕃、百济和新罗等周边民族的君王的许多国书，至今尚存。金子修一先生将其分为：（1）"皇帝敬问"，（2）"皇帝问"，（3）"敕"这样三种格式，并认为第一种格式用于表示对等关系和兄弟、同族关系，第二种和第三种格式用于表示君臣关系。[1] 但是，金子先生所论，未涉及日本。就日本的情况而言，其结论是否可以套用，颇可置疑。

在日本和隋朝之间，现存日本给隋朝的国书两件，隋朝给日本的国书一件。其中，日本送出的第一件国书为：

> 日出处天子致书日没处天子，无恙。（《隋书·倭国传》）

日本对此件文书的研究，一般解释为日本希望与中国建立对等国交而送出的国书。应该注意到，此件国书沿袭了上引汉朝与匈奴或突厥与隋朝国书的语句。在研究日隋间国家关系时，上面的国书引起了众多的讨论，其观点是本文必须进行探讨的，故此省略。

在日本和唐朝之间，没有日本致唐朝国书的记载，所以，自古以来就一直怀疑日本使节没有带国书入唐。关于这个问题，板泽武雄先生很早就指出了不带国书说在论据上的讹误[2]，近年来，西岛定生和汤浅幸孙先生也发表论文[3]，使得持国书说占了上风。

唐朝致日本的国书，留存若干件，山田英雄对此发表过论考。[4] 日本与唐朝之间，从唐朝出兵朝鲜半岛至新罗乘势统一朝鲜为止的这段期间，关系紧张。这时期的国书与其后的国书之间，存在着形式的差

---

〔1〕金子修一《论唐代的国际文书格式》，《史学杂志》83－10，1974年。《知不足斋丛书·翰苑群书》所收《翰林学士院旧规》列示了给新罗、渤海、黠戛斯、回鹘、契丹、牂牁、退浑、党项、吐蕃和南诏等国国书的开头及末尾的格式。

〔2〕板泽武雄《日唐交通中的国书问题》，《史林》24－1，1939年。

〔3〕西岛定生《遣唐使和国书》，收入茂在寅男等编《遣唐使研究及其史料》，东海大学出版会，1987年。汤浅幸孙《遣唐使考辩二则》，《日本历史》464，1987年。

〔4〕山田英雄《论日、唐、罗、渤之间的国书》，收入其著《日本古代史考》，岩波书店，1987年。

异。山田先生认为,其所反映的国际关系,显示唐朝最初重视日本,到后来变得轻视日本。上述金子说认为,国书的格式由唐朝与各国的身份关系所决定。而山田说则认为,国际关系决定格式的变化。我大体认为山田说可以成立,但在细节上对国书有不同的解释,尚有需要讨论的余地。

因此,下面想主要通过日隋、日唐间的国书格式,试论该时期的日中关系。

3.2 日本第一、第二次遣隋使及其国书

5世纪,当时还称作"倭"的日本,其"五王"向中国南朝的宋朝贡,取得官位,成为臣属。此国交到478年中断,其后经过了120年,到推古天皇与摄政圣德太子时代,才与统一中国的隋王朝重新建立国交。此事在《隋书·倭国传》有如下记载:

> 开皇二十年(600),倭王姓阿每,字多利思比孤,号阿辈鸡弥,遣使诣阙。上令所司访其风俗。使者言:"倭王以天为兄,以日为弟,天未明时出听政,跏趺坐,日出便停理务,云委我弟。"高祖曰:"此太无义理。"于是训令改之。

关于此次使节的派遣,日本方面没有留下记录,所以有些日本学者颇予轻视甚至无视。这是完全没有根据的。以为"阿每"、"多利思比孤"是姓和名,乃中国方面的误解,"阿每多利思比孤"或"阿每多利思北孤",大概是当时日本的君王号(后来的天皇)。一般都认为,"阿辈鸡弥"就是日文的"オホキミ"。如果没有使者前来,中国方面无从得知这种日本的独特称呼。退一步说,即使此称呼是因后来的使节而为中国所知,并被《隋书》的作者记载于此的,但是,"以天为兄,以日为弟"的记载,不可能插入后来使节的记载中。记载中所表现出来的观念,即使同当时日本的观念不符,但也不可能是由隋朝方面创造出来并加以记载的。派遣此次使节的600年,是隋朝首度出兵高句丽的两年后,大国投向东方的压力,日本也一定能够切实感受到。此前不久,高

71

句丽开始接近日本，或许是个暗示。而且，当时日本和新罗发生纠纷，所以，日本有足够的动机去打开同中国的国交。因此，最近许多学者都承认，这时期日本曾经派遣过使节。

第二次的使节，同样在《隋书·倭国传》中留下了有名的记载：

> 大业三年（607），其王多利思比孤遣使朝贡。使者曰："闻海西菩萨天子重兴佛法，故遣朝拜，兼沙门数十人来学佛法。"其国书曰："日出处天子致书日没处天子，无恙，云云。"帝（炀帝）览之不悦，谓鸿胪卿曰："蛮夷书有无礼者[1]，勿复以闻。"

此次的使节，亦见于《日本书纪》"推古十五年（607）"条记载：

> 秋七月戊申朔庚戌，大礼小野臣妹子遣于大唐，以鞍作福利为通事。

史籍收录了此时日本给隋朝的国书，据其文辞来看，显然日本想改变5世纪从属于中国的外交，希望建立与隋朝对等的国交。如前所述，此文辞模仿汉朝与匈奴，以及突厥与隋朝之间的国书，故撰写此件国书的圣德太子或其近臣无疑曾充分研究过以往的各种国书。他们的知识大概是通过百济和高句丽获得的，也许还得到过迁徙到日本的上述国家的人员的帮助。或许前一次派遣的使节也起了一定的作用。

然而，此件国书的言辞招致了隋炀帝的不快。那么，究竟是什么文辞引起他反感呢？"致书"、"无恙"这种用于对等国家间的格式或许是其原因[2]，但历来研究者更加注意以下两点：一，"日出处"与"日没处"的对应；二，日隋双方的君主同称"天子"。关于第一点，日本传统上的确存在着日出处优于日没处，是更加优秀的国家这种想法。[3] 但

---

〔1〕此句，石原道博译《魏志倭人传·后汉书倭国传·宋书倭国传·隋书倭国传》（岩波文库）读作："蛮夷书，有无礼者，勿复以闻"，与此处的断句，含义略有不同。似乎理解为"蛮夷书，（有）无礼者，勿复以闻"或"蛮夷书，有无礼（者），勿复以闻"为妥。"勿复以闻"所表现的应是隋炀帝一时的心情，若是，则许多日本学者对隋炀帝是否真的动怒，提出疑问。其解释如果正确，那么，炀帝派遣隋使裴世清与回国的小野妹子同行，就没有什么可以奇怪的了。

〔2〕中村裕一《唐代制敕研究》第299页以下认为，"致书"这种文书格式，本来用于对等的个人之间，后来转用于对等的国家文书上。

〔3〕栗原朋信《日本赠隋国书》、《日隋交涉的一个侧面》，收于其著《上代日本对外关系研究》，吉川弘文馆，1978年。

是,中国有没有相同的看法,却是个问题。至少,中国存在着自己是世界中心的想法,概无疑义。[1] 所以,隋炀帝完全有可能因此文句而不快。

但是,用日出与日没来指东方和西方,并不少见。最古老的例子,见于亚述的碑文,流传于地中海世界,出现"亚洲"与"欧洲"、"东洋"与"西洋"等词,德国也有相似的词汇。这些词并没有高下的价值区分。东野治之先生指出,在东方,佛教《大智度论》称:"日出处是东方,日没处是西方",大概这话也传给了圣德太子,《大智度论》的话并不伴带着价值判断。[2] 由此看来,发源于东方的这一想法,在东方由印度到日本,在西方直至欧洲,广泛流传于整个旧大陆。

成书更晚的《万叶集》中,《送遣唐使长歌》之一节唱道:"住吉三津船,直渡日入国。"因为中国位于西方,所以把中国称作"日入国",这里同样没有高下的价值区分。[3] 由此看来,在此之前的推古朝,不应赋予"日出处"以更高的地位。在日本产生这种想法,最早也是8世纪古代天皇制确立之后的大国主义的结果。

"日出处",也就是用东方指称日本,"日没处",也就是以西方指称中国,似乎是朝鲜的观察所得。据提出此见解者说,当时受隋朝压迫的高句丽唆使日本执政者写下了如此高姿态的国书。[4] 诚然,当时高句丽力图同日本建立亲密关系,圣德太子身边有来自高句丽的僧慧慈等充任顾问,也许对此件国书的文辞起了影响。特别是那种高姿态,或许受到高句丽人的指使。但是,应该看到,这与当时日本的立场有一致之处。所以,是否有采用朝鲜半岛的观察视角的余地,值得怀疑。东和西是相对的,对于西方的中国而言,日本处于东方。但仅此还不够,我认

〔1〕增村宏《"日出处天子"与"日没处天子"》、《论"日出处"与"日没处"》,收于其著《遣唐使的研究》,同朋舍,1988年。

〔2〕东野治之《日出处·日本研究集》,收入其著《遣唐使与正仓院》,岩波书店,1992年。

〔3〕大和岩雄《"日本"国何时出现?——日本国号的诞生》,六兴出版,1985年,第126页以下。亦可参阅吉田孝《日本的诞生》,岩波新书,1997年,第120-121页。

〔4〕李成市《高句丽与日隋外交——试论国书问题》,《思想》795,1990年;收入其著《古代东亚的民族与国家》,岩波书店,1998年。但是,在此之前,就有了此乃基于朝鲜的观察方位的见解。参阅秋山谦藏《日中交流史研究》,岩波书店,1939年,第172页。

为还有必要研究一下当时日本人所认识的世界。日本在亚洲的东端，文明却总是来自西方。当时日本人经常把西方的文明区域称作"クレ"。颇为有力的见解认为，"クレ"的词源，在日语中是"黄昏"，或者是"日落"的意思。因而把自己的国家看作是日出的东方，十分自然。稍后形成的"日本"国号，大概也出自相同的想法。

关于第二点，"天子"称号与中国固有的天下观念有关系。"天下"者，天之下，天所覆盖的整个世界。这整个世界为中国的君主所统治，故称其君主为天之子，亦即"天子"。因此，在这个世界里，"天子"只能有一人，而日本国书竟然将日本和中国的君主都称作"天子"，当然招致隋炀帝的不快。诚然，在隋代称外族君主为"天子"者并非始于日本。如上一节所述，隋初，突厥可汗自称天子，给隋高祖送去国书。但是，当时突厥势力强大，而隋王朝诞生伊始，故不得不予以容忍。与此对比，日本只是东方的小国。隋炀帝是中华意识与天下观念特别浓重的皇帝，所以对小国君主自称天子，一定难以容忍。

如上所论，天下的观念本应为中国所独有，然而，实际上也传入中国周边各国。在东亚，随着各国君权的成长，为了强化权力，只能效法中国的思想和制度，天下观念即其一环而为各国所采纳。在日本，从5世纪的遗址所发现的文书，反映出天下观念已经存在。其证据之一，是1978年埼玉县稻荷山古坟出土的铁剑铭文记载："获加多支卤大王寺在斯鬼宫时，吾左治天下，令作此百练利刀。"其二，是上个世纪在熊本县江田船山古坟出土的铁剑铭文记载："治天下获加多支卤大王世……"以往认为后者为5世纪前叶的反正天皇，但由于前者的发现，使得认为两者都应读作"获加多支卤"，亦即是5世纪后叶的雄略天皇的见解更加有力。一般认为，反正天皇和雄略天皇是向南朝朝贡的倭王"珍"和"武"。

虽然天下观念早就传入日本，但如上述，倭王仍称作"大王"。承认中国天子权威的倭王，最多只能称"大王"来炫耀其地位。除了上面称"大王"的事例外，在6世纪初和歌山县隅田八幡神社所藏人物画像镜铭文中也有所见。[1] 到推古朝,"大王"称号也用于圣德太子及诸皇子,故必须有更高的称号。[2] 在这种情况下,推古朝表现出比以往各代更强化君权的情况,故其继承前代已有的天下观念而产生"天子"称号,不足为奇。它同时也表现出要改变"五王时代"的从属外交,希望建立对等外交的意图。[3] 对于这种意图。有人认为是为了使自己处于比接受中国册封的朝鲜国王更高的地位。[4] 也许存在这种意图,但是,君主称号的变化,难道只是根据外交方针的变化而产生的吗?应该说,不同于前代的国内君权的变化,必然会产生新的称号,也必然会形成新的对外政策。

然而,这种变化并非隋炀帝所高兴见到的,只是他无法拒绝日本希望建立国交的要求。日本派遣使节到隋朝的那年,正是隋炀帝行幸突厥可汗大帐获悉高句丽与突厥交通的那年(参阅第一章)。炀帝必须面对与高句丽的较量。此次行幸在八月,而日本决定派遣使节在七月,使节到达隋朝廷应在这之后。考虑这种形势,炀帝重视起位于高句丽背后的日本,所以在日本使者小野妹子回国之际,派遣裴世清为隋朝使节访问日本。

<hr />

〔1〕隅田八幡神社所藏人物画像镜铭文为:"癸未年八月日十大王年男弟王在意紫沙加宫时,斯麻,念长寿,遣开中费直穢人今州利二人等,取白上同二百旱,作此竟。"未加断句部分颇为难解,诸说纷纭。"癸未年"为百济武宁王即位三年,亦即503年(苏镇辙《金石文所见百济武宁王的世界》,圆光大学校出版局,1994年)。苏先生认为,"大王"亦即"武宁王","男弟王"则与日本多数的见解相同,为继体天皇(但继体天皇即位在507年),兄王为武宁王为弟王继体天皇而祈念长寿,故令外来移民河内直白上钢做镜。但是,"大王年"若与"斯麻"分开,便不可理解。"年月,某王,在某处"或"年月,某王,在某时",是周代金文铭以后通常使用的格式,稻荷山古坟出土铁剑铭也基本依此格式。据此,则隅田神社所藏镜铭文也应断句为:"癸未年八月日十,大王年男弟王,在意紫沙加宫时。"关于"大王年男弟王",井本进先生认为,从稻荷山、船山两地古坟出土的刀剑铭文的例子来看,将"大王"视作日本君主的称号,并无不可。

〔2〕大桥一章《天寿国绣帐的研究》,吉川弘文馆,1995年,第175-177页。

〔3〕上田正昭《东亚与海上之路》(明石书店,1997年)第21页、《研究·古代史与东亚》(岩波书店,1998年)第27-28页认为,倭王的朝廷自从采纳天下观念之后,便产生了从服从于中国的天下脱离出来的志向,所以到推古朝为止中断与中国的国交。

〔4〕西岛定生《六一八世纪的东亚》,《岩波讲座日本历史》古代2,1962年;收入其著《中国古代国家与东亚世界》,东京大学出版会,1983年。石母田正《日本的古代国家》(岩波书店,1971年;《石母田正著作集》第3卷)第一章。徐先尧《隋倭邦交考——倭使朝隋并非所谓对等外交》,载《中国与日本》57-61页,1964年;中国唐代学会编《唐代研究论集》第1卷,1992年。

·欧·亚·历·史·文·化·文·库·

3.3　隋朝致日本的国书
与日本第三次遣隋使的国书

608 年(隋大业四年,日本推古十六年)四月,隋使裴世清与小野妹子一起来到日本。据《元兴寺缘起》,到访者共 12 人,副使为遍光高。《日本书纪》逐月逐日记载了裴世清一行在日本的行程,其记载应可信赖。据此记载,裴世清一行于八月进入都城,递交隋朝的国书。

奇怪的是,在《日本书纪》是年"六月"条里,记载小野妹子的上奏,称其于途经百济归国之时,隋朝皇帝给他的书翰被抢走了。如果这是隋朝的国书,那就意味着隋朝的国书有两件,有这种可能吗?以往诸说对此事毫不起疑[1],将这里所说的书翰径直作为国书,都去研究小野妹子所谓遭抢劫一事。一种见解认为,由于担心国书的内容会激怒日本朝廷,所以小野妹子谎称被抢。[2] 第二种见解推测,百济十分关注日隋交往的走势,为了知道双方交往的内容而抢夺国书。[3] 第三种见解认为,《日本书纪》为了贬低小野妹子而编造此经过。[4] 我认为,隋朝给天皇的正式的国书是由裴世清带来的,但从唐朝的事例来看,即使小野妹子持有隋朝皇帝的敕书,也不足为奇。如果是这种情况,则敕书可能表达了隋炀帝的不快。如果没有这种敕书,则小野妹子想阻挠裴世清递交国书的行动是失败了。

根据《日本书纪》的记载,裴世清所递交的国书内容如下:

皇帝问倭皇:使人长吏大礼苏因高(小野妹子的中国名字)等
至具怀。朕钦承宝命,临仰区宇,思弘德化,覃被含灵,爱育之情,
无隔遐迩。知皇介居海表,抚宁民庶,境内安乐,风俗融和,深气至

---

〔1〕只有志田不动麿《东洋史上的日本》(四海书房,1940 年)第 48 页指出,国书须由本国大使递交。

〔2〕本居宣长《驭戎慨言》(1796 年)以来,多数学者赞同此说。

〔3〕三品彰英《圣德太子的任那对策》,收于圣德太子研究会编《圣德太子论集》,平乐寺书店,1971 年。前引李成市论文。

〔4〕坂本太郎《圣德太子》,吉川弘文馆,1979 年,第 117 页以下。

诚,远修朝贡,丹款之美,朕有嘉焉,稍暄比如常也。故遣鸿胪寺掌客裴世清等,稍宣往意,并送物如别。

引文中的"倭皇",原作"倭王",《日本书纪》的编者将"王"改作"皇"。《善邻国宝记》所引《经籍后传记》收录者为:"其书曰,皇帝问倭王。"在中国,"王"位于"皇帝"之下。中国皇帝一般用"王"来称呼各国君主。在第一节已经介绍过,金子修一先生探明,"皇帝问"属于给从属国的国书格式。也就是说,日本方面送去希望对等国交的国书,但不被中国所接受。隋朝固然没打算与倭王缔结君臣关系,将其纳入臣属之列,但还是将日本当作向中国朝贡的下级国家对待。从中国的中华思想与天下观念来说,这种处置亦属当然。

后来成书的《圣德太子传历》一书,记载了天皇与太子之间的问答。针对天皇就此件国书的发问,太子劝道:"天子赐诸侯王书式也。然皇帝之字,天下一耳,而用倭皇字,彼有其礼。应恭而修。"但是,如果不是将"倭皇"作"倭王",则这段话不成立,故此应予说明的,是日本接受了这件国书。

根据《日本书纪》的记述,当时日本朝廷接受了这件国书。这是因为对于想仿效中国建设国家的日本而言,无论如何都必须打开同中国的国交。特别是处于推古朝这一发展阶段,和前代相比,君权得到加强,故向中国学习就愈显重要。所以,在当年九月裴世清回国时,日本再以小野妹子为大使,以吉士雄成为小使,携八名留学生和留学僧再度入隋。前引《隋书》记载,日本曾有僧侣数十人前来,它反映出日本同中国交往的目的。

《日本书纪》记载了此行携带的日本给隋朝的国书:

> 东天皇敬白西皇帝,使人鸿胪寺掌客裴世清等至,久忆方解。季秋薄冷,尊何如。想清念。此即如常。今遣大礼苏因高,大礼乎那利等往。谨白,不具。

·欧·亚·历·史·文·化·文·库·

有的学者认为,这件和前面引用的"日出处天子……"是同一件国书。[1] 如此一来,由于不能认为《日本书纪》所载的"东天皇……"这件国书是原本,被《隋书》改作"日出处……",所以就应该认为所谓"东天皇"国书是《日本书纪》编者见到《隋书》后篡改而成的。[2] 但是,为什么必须是如此?为什么必须这样来考虑?其说明并不充分。诚然,《隋书》记载了一件,而《日本书纪》记载了另外一件,两书都只收录一件国书,所以容易产生这种想法,但是,我认为《日本书纪》的记载有其道理。

如上所述,由于无法认为《隋书》作过篡改,所以其所载"日出处"的国书应该由日本实际送达隋朝。那么,为什么《日本书纪》未加记载呢?我以为,日本派出的第一次使节,被斥为"太无义理",而第二次使节携往的国书又招致隋炀帝的不快,所以,第三次使节携带的国书无论如何都必须对以前的国书进行修改,所以才想出"东天皇"这种国书来。因此,对于推古朝的执政者而言,前一件国书是失败之作,把它从记载中删除不录,是正常的。《日本书纪》的编者沿袭了此做法。[3] 日本古代曾经有过用"日出处"的国书来显耀日本国威的想法,但是,不为对方国家所接受,便只能成为自吹自擂。

新的"东天皇"国书,以"敬白"起句,用"谨白不具"结尾。这是以往的国书所未见的格式,对照王羲之父子的尺牍,有人认为此国书是在唐代以后,由《日本书纪》的作者编造出来的。[4] 根据此说,也有人推测日本送给唐朝的国书应作:"日本主明乐美御德敬白大唐皇帝",《日

---

〔1〕岩井大慧《中国史书所见的日本》,《岩波讲座日本历史》第9卷,1935年。和田清《由东洋史看古代日本》,《哈佛·燕京·同志社东方文化讲座》,1956年。

〔2〕高桥善太郎《遣隋使的研究》,收于《东洋学报》33–3、4,1951年。徐先尧《二王尺牍与日本书纪所载国书之研究——隋唐期中日关系史之一章》,台北,华世出版社,1979年,第二、三章。

〔3〕堀敏一《中国与古代东亚世界——中华世界与各民族》,岩波书店,1993年,第203页以下。

〔4〕上引徐先尧著作第二章。

本书纪》将此改为"东天皇敬白西皇帝"。[1] 这些论者都认为,日本曾经向唐朝递交国书,所以也应该向隋朝递交国书。然而,为什么隋代的国书要伪造篡改呢? 没有任何确凿的证据证明日本给唐朝的国书也用"敬白"一语,所以,应该用的是别的词语[2]。此外,为什么"日本"、"大唐"的称呼要用"东"、"西"来替代呢? 如果考虑到推古朝的执政者不得不修改使用"日出处"词语的国书,那么,重新送给隋朝的国书将其改为"东"和"西",应是最为自然的。

如果说国书的"日出处"是具有传统的用法,那么,以"敬白"起首恐怕也是根据某种书仪。徐先尧先生主张是受二王尺牍的影响,由于"白"用于朋友、亲戚的上下身份者之间,所以在二王尺牍中用得最多。看看唐朝的《吉凶书仪》等书,对不同辈分的尊长,用"某言"起首,以"谨言"结尾;对兄姊等长者(同辈长者),用"某白"句式,以"谨白"结尾[3]。据此,则日本天皇将隋朝皇帝视为前辈或兄长。这既维持了较为对等的态度,又尊重对方。国书中"东"和"西"单纯是指示方向的名词,其下则分别以"天皇"和"皇帝"来称呼各自的国君。虽然,唐高宗曾经用过"天皇"称号,但在此前,不存在触犯中国皇帝的情况,所以,和前一件国书相比,应该说是比较妥当的格式。

有人认为,此期尚未使用"天皇"称号。当然,也早有人认为,"天皇"称号始于推古朝[4]。其论据,列举了据认为是推古朝文物的法隆

---

〔1〕上引西岛定生《遣唐使和国书》,本篇论文最初收于《就实女子大学论集》创刊号,现在引用的部分,是其后在《遣唐使研究与史料》转载时增添的。王贞平《汉唐中日关系论》(台北,文津出版社,1997年)第186-189页。此外,西岛定生先生还推测,在"日本主明乐美御德"之前还有"明神御宇"等称号。此称号虽然见于日本律令的《公式令》,但未见使用于致新罗和渤海的书信,故是否应有此语,令人置疑。

〔2〕奥田尚《八世纪日本给唐朝的国书》,追手门学院大学文学部东洋文化学科《东洋文化学科年报》6,1991年。

〔3〕参阅〔唐〕杜有[友]晋撰《吉凶书仪》,伯希和汉文文书第3442号;那波利贞《〈元和新定书仪〉与杜有晋编〈吉凶书仪〉》,载《史林》45-1,1962年;赵和平《敦煌写本书仪研究》,台北,新文丰出版公司,1993年。

〔4〕津田左右吉《天皇考》,收入其著《日本上代史的研究》,1947年;《津田左右吉全集》第3卷,1963年。近年来,以井上光贞《推古朝外交政策的展开》(收入其著《圣德太子论集》,1971年;《井上光贞著作集》第15卷)为代表,许多论者持推古说。

寺药师佛光背和元兴寺丈六佛光背雕刻的铭文,以及天寿国绣帐上刺绣的文章中,有"天皇"的称呼。但是,较为有力的见解认为,这些文字的创作年代要迟于推古朝[1] 所以,多数学者认为,"天皇"称号开始于大化革新进一步强化君权的时代。[2] 如果采纳以上观点,那么,推古朝国书中的"天皇"称号显然也是《日本书纪》编撰者修改的,自然就会产生此国书的原件在哪里的问题。然而,回答这一问题的论说却意外地少见。

如果"天皇"称号是后来篡改的,那么,能想到的国书原文应为"大王"、"天王"及其日语训读。首先来看"大王"一称[3],如上所述,它见于5世纪倭国五王时代出土的铁剑铭文上。此语的日语训读为"オオキミ",推古朝及其后的时代都曾使用过。"王"比起中国的"皇帝"来地位要低,此前的国书已经使用比"大王"还高的"天子"称号,所以,推古朝的执政者不可能在外交文书中使用此称号。

其次,"天王"的称号,例子虽少,却见于《日本书纪》的古写本中,故有人主张日本曾经有一段时期使用此称号[4]。如果曾经使用过这一称号,那么,从"天王"向"天皇"的过渡就显得更加顺当。然而,赞同此说的人较少,论者以为,《日本书纪》写本,是在天皇号形成之后将"天皇"写作"天王"的。[5] 而且,"天王"的地位仍然低于皇帝,将此称号用于致中国的国书中,等于从原先对等的目标向后退,与使用"大王"称号没有区别。

前引《隋书》说,日本君主的称号为"オホキミ",有人认为,其原文

〔1〕福山敏男《关于法隆寺金石文的二三问题》(《梦殿》13,1935年),宫田俊彦《天寿国绣帐铭文成立私考》(《史学杂志》47-7,1936年)、《"治天下"和"御宇"天皇——有关上代金石文的二三问题》(《茨城大学文理学部纪要》1,1951年)等论文。

〔2〕森公章《关于天皇号的形成》(《日本历史》418,1983年;收入其著《古代日本的对外认识与交通》,吉川弘文馆,1998年)登载了研究史及文献一览表。

〔3〕上引东野治之论文主张"大王"、"大皇"说,但是,"大皇"应是天皇号形成之后的称号。

〔4〕角林文雄《论日本古代的君主称号》,1972年发表,收入其著《日本古代的政治与经济》,吉川弘文馆,1989年。宫崎市定《天皇称号的由来》,1978年发表,收入其著《古代大和朝廷》,筑摩书房,1988年;《宫崎市定全集》第21卷,1993年。

〔5〕东野治之《"大王"号的形成与"天皇"号》,见《研究会 日本古代史》下,光文社,1980年。上引森公章论文。

"阿辈鸡弥"不应读作"オホキミ",而应读为"アメキミ"[1]。如果读作"アメキミ",则与"天皇"的日语训读相同。[2] 应该指出,"アメキミ"同时也可以作为"天王"的日语训读。

最后谈谈国书中是否使用日语的训读。如上所述,日本给唐朝的国书有可能使用"スメラミコト"一语。如果是这样,那么在隋代也有可能使用日语训读的手法。但是,从隋代国书的形式来看,写作"东某"、"西某",相互对应,比起日语训读,更符合使用汉语的文风。固不待言,此件国书用汉文写就,而且特地将小野妹子用中国名字写作"苏因高",故其君主号也应该使用汉文才与全文风格一致。汉文是注重音律格调的。

以上检讨国书中所用日本君主称号的结果,可以看出用其他称号代替"天皇",都有难以解释之处。最近,大桥一章《天寿国绣帐的研究》一书,从对图像等的考察推定其制作年代为推古朝末期,探明图像和铭文有着不可分割的关系。[3] 若其成立,则可以认为国书中也曾使用"天皇"称号。或许可以这么认为,"天皇"称号首先用于外交文书,以后再与以往的"大王"或者"オホキミ"等称号一并使用于国内。当然,从年代上说,国书在前,天寿国绣帐在后。此称号不久在律令中正式作为天皇号固定下来。[4]

3.4　唐朝致日本的国书

618 年,唐朝建立,由于唐朝介入了朝鲜三国的争霸,东亚地区的动乱更趋激烈。660 年,唐朝和新罗联手灭百济,668 年灭高句丽,翌年在平壤设置安东都护府。其间,新罗吞并百济故地,并于高句丽灭亡后

---

〔1〕日本古典大系《日本书纪》下,岩波书店,1965 年,第 538 页注"天皇号"。下出积与《神仙思想》,吉川弘文馆,1968 年。

〔2〕大桥一章《论"天皇"号成立的年代》,《历史教育》18 - 7,1970 年;作为"附论"再收录于其前引著作中。此说主张,天皇号在推古朝初期业已存在,但如后述,我认为是从"东天皇"的国书起开始使用的。

〔3〕上引大桥一章《天寿国绣帐的研究》第七章。

〔4〕上引井上光贞论文、石母田正著作。

81

与唐对抗,大致统一了朝鲜半岛,676 年,唐朝将安东都护府撤出朝鲜。

最初观望形势的日本,在 630 年初次派出遣唐使。唐朝则于后年派使节高表仁前来。《旧唐书·倭国传》等书记载其"与王子(也有记作"王"者)争礼,不宣朝命而还"。高表仁代表唐朝天子前来,在会见日本君主时,发生了身份高下之争。日本继承推古朝以来的路线,拒绝采用臣下之礼(参阅前一章)。然而,日本也充分感受到唐朝的压力。其后,645 年的大化革新,推行亲百济政策的中心人物苏我氏被打倒,转而采取亲新罗路线。654 年,唐朝向第三次遣唐使发出"出兵援新罗"的诏敕(《新唐书·日本传》)。但是,日本无法切断同百济的关系。而且,如所周知,百济灭亡后,日本应其起事遗民的要求,送还人在日本的百济王子丰璋回国,并派兵支援,最后于 663 年在白村江被打败。

在如此紧张的国际形势下,唐朝给日本送来了国书,《善邻国宝记》记载:

> 天智天皇十年(671),唐客郭务悰等来聘,书曰:"大唐帝敬问日本国天皇,云云"。天武天皇元年(672),郭务悰等来,安置大津馆。客上书函,题曰:"大唐皇帝敬问倭王书"。又大唐皇帝敕日本国使卫尉寺少卿大分等书曰:"皇帝敬到[致]书于日本国王"。

关于 671 年的唐朝使者,《日本书纪》该年"正月"条记载,百济镇将刘仁愿派遣李守贞等人向日本递表,有人认为此二条为一事。然而,与郭务悰相关者,还有同年"十一月"条所记载的对马向太宰府的报告,称唐国使人郭务悰等 600 人,送使沙宅孙登等 1400 人,合计 2000 人,分乘 47 艘船到来。故当与此条同为一事。至少,这年前来的使节与前年百济故地大部分被新罗占领有关。李守贞出使的目的在于要求日本出兵百济,而郭务悰等 600 人则是残留于百济的唐人,另外 1400 人为百济人,都是逃亡的难民。[1] 但也有人认为后者是送还的日本俘

---

[1]池内宏《百济灭亡后的动乱及唐、罗、日三国的关系》,收入其著《满鲜史研究》上世第 2 册,吉川弘文馆,1960 年。铃木靖民《百济救援之役后的日唐交涉》,收于坂本太郎博士古稀纪念会编《续日本古代史论集》上,吉川弘文馆,1972 年。

虏。[1] 因为新罗和唐朝的关系恶化,所以也在该年向日本派遣使节,日本当局送给新罗王绢、𫄨、绵、韦等物资。

根据《日本书纪》的记载,同年十二月天智天皇死去,日本方面一直到第二年(天武元年,672)才将天皇的丧事通知滞留于筑紫的郭务悰一行。此时,郭务悰等递交了书函和馈赠物品。这就是上面介绍的国书信函。此后到五月,日本当局送给郭务悰甲胄、弓矢,以及大量的𫄨、布、绵等物资,以图令其回去战斗。

因此,认为郭务悰一行十一月来到日本,在筑紫一直滞留到翌年,较为妥当。那么,上引《善邻国宝记》列举郭务悰带来两封国书,到底是怎么回事呢? 对此问题,有认为一封给天皇,另一封则是给天皇以外的王族的[2];也有认为第二封国书是在太宰府期间起草撰写的[3]。但是,这两封国书都具有中国王朝给外国首长的形式,"倭王"已见于隋朝的国书,指的就是日本君主。当然,如果认为下级官吏能够撰写皇帝的国书,则另当别论。

两封国书一事,应如何来理解呢? 值得注意的是第一封国书的收件人为"日本国天皇"。根据通说,此时尚未使用"日本"国号。此国号为中国所知道,要从8世纪的遣唐使算起。因此,原来的国书收件人应如第二件国书,写作"倭王"。据此,从郭务悰在日本停留的情况来看,只有装在书函内的一件国书而已。

自隋朝以来,中国的书函称"倭王",以表示日本君主比中国皇帝身份低,这在视外国为从属朝贡国的中国的中华思想看来,是理所当然的事。然而,根据金子先生的分类,此件国书用"皇帝敬问"的格式,属于最郑重的。对于唐朝而言,由于新罗的崛起,东方的领土不易保全,所以不得不希望日本参加战后的处理,接纳难民和提供武器,为此,国书使用了郑重的格式。

---

〔1〕松田好弘《论天智朝的外交》,《立命馆文学》415-417合刊号,1980年。直木孝次郎《对近江朝末年日唐关系之一考察》,见末永先生米寿纪念会《末永先生米寿纪念献呈论文集》,1984年;收入其著《古代日本与朝鲜、中国》,讲谈社学术文库,1988年。

〔2〕上引松田好弘论文。

〔3〕上引直木孝次郎论文。

83

上述《善邻国宝记》所举的第三封国书,是交给 702 年左右入唐的遣唐使坂合部大分,让他在归国时带回的,故函封写作"日本国王",使用"致书"的文辞。这次的遣唐使和上述的使节不同,是在东亚平息动乱、日本国内成功地强化中央集权体制之后,因为 700 年制定《大宝律令》,为了向唐朝通报而派遣的。与此同时,日本确定了"日本"这一国号,大概也要将此通告唐朝。唐朝国书函封也写作"日本国王","国王"一词,用于指未与唐朝缔结直接的从属关系的远地朝贡国[1]。大概是由于制定了律令,故而获得这等待遇。从唐朝国书来看,"致书"显得不同一般,或与此有关。

然而,本次的遣唐使不知何故是分别回国的。遣唐执节使粟田真人在 704 年、副使巨势邑治在 707 年回国,而大使坂合部大分则随下次的遣唐使于 718 年才回国[2]。如果是在此时当面交付国书,一般应交给此行的遣唐押使多治比县守。所以,这件国书也许不是交给坂合部大分的。假如是交给坂合部大分,则或许有什么特殊的理由,因而影响到国书的特殊格式,兹存疑问。[3]

这个问题姑且不论,此期开始的日本遣唐使,和早期处理东亚艰难时局的使节不同,具有纯粹的学习唐朝制度、文物的文化意义。现在保存着一件这个时期唐朝发出的国书。此国书为唐玄宗朝宰相张九龄所撰写,收于其文集《曲江集》中:

> 敕日本国王主明乐美御德,彼礼义之国,神灵所扶,沧溟往来,未尝为患。不知去岁,何负幽明,丹墀真人广成等入朝东归,初出江口,云雾斗暗,所向迷方。俄遭恶风,诸船飘荡。其后一船在越州界,即真人广成。寻已发遣,计当至国。一船飘入南海,即朝臣名代。艰虞备至,性命仅存。名代未发之间,又得广州表奏,朝臣

---

〔1〕金子修一《唐代册封之一斑——周边各族的"王"号与"国王"号》,收于《西岛定生博士还历纪念·东亚史中的国家与农民》,山川出版社,1984 年。

〔2〕我在前引著作第 246 页里,误将坂合部大分回国时间系于 704 年,兹作订正。

〔3〕金子修一在《试论唐代国际关系中日本的地位》(《古代文化》50 - 9,1998 年)一文中认为,给与"大分等"的唐朝国书,发生在 702 年粟田真人、坂合部大分等入唐之际,此说可以接受,但是,我是在本文完成后才见到这篇论文的,所以没有时间订正。

广成等，飘至林邑国。既在异国，言语不通，并被劫掠，或杀或卖。言念灾患，所不忍闻。然则林邑诸国，比常朝贡。朕已敕安南都护，令宣敕告示，见者令其送来，待至之日，当存抚发遣。又一船不知所在，永用疚怀。或已达彼蕃，有来人可具奏。此等灾变，良不可测。卿等忠信则尔，何负神明，而使彼行人，罹此凶害。想卿闻此，当用惊嗟。然天壤悠悠，各有命也。中冬甚寒，卿及首领百姓，并平安好。今朝臣名代还，一一口具。遣书指不多及。

这是在 736 年（唐开元二十四年）中臣名代归国之际，唐玄宗交付的致日本圣武天皇的国书。这批遣唐使（大使为多治比广成，副使为中臣名代）在 734 年回国途中遭遇海难，4 条船被冲散。在书信中，除了已经回国的大使外，还提到副使中臣名代和判官平群广成，中臣名代此时将回国，而平群广成则要到此后的 739 年才经由渤海，好不容易回到日本。

这件国书起首称："敕日本国王"，按照金子先生的分类，属于给最低级别的国家的行文。当时，张九龄写过许多给外国君主的国书。和这些国书相比，可知他把日本当作最低级别的国家之一。[1] 如上所述，唐朝初期给日本的国书，语词谦和，当与其时国际关系紧张，唐朝对日本寄望尚殷有关。而 718 年的国书，因为是两国重新恢复关系初期的遣唐使，或为其他缘故，故仍保持谦和的态度。到此件国书的时代，正值盛唐，玄宗身为中华大帝国天子，充满自信。而日本处于单方面吸收唐朝文化的地位，逐渐被人当作东方小国而看低了。[2]

国书起首称"日本国王主明乐美御德"，表明唐朝将"主明乐美御德"当作日本国王的名字，其实，这是天皇称号的日语训读。有人认

〔1〕山内晋次《对从唐朝看八世纪国际关系与日本地位的再探讨》，载《续日本纪研究》245，1986 年。

〔2〕本位田菊士《天皇号的成立与亚洲》（《亚洲中的日本史》2，东京大学出版会，1992 年）一文认为，唐玄宗的国书是针对日本首次应唐朝的要求而上表所做的回复。此前给予坂合部大分等的敕，是"应大分等的上书"而作的，所以不是和正式的国书相对应的。但是，此说将前引《善邻国宝记》记载中应该理解为"敕大分等书曰"的文句，误解为"针对大分等的上书，敕曰……"。故仍依旧说，认为唐初的国书语词谦和，重视日本，到玄宗时代逐渐转变为轻视日本，较为妥当。

为,这表明日本当局在国书上不用"天皇"而使用其训读语音来签署。[1] 其理由之一,是如前引《圣德太子传历》的问答所示,因为天皇的"皇"字和皇帝的"皇"字重复,所以不宜对中国使用。更何况在此之前的唐高宗和武后时代,高宗已称作"天皇",而武后称作"天后"。所以,日本对唐朝使用"主明乐美御德"的训读法。

国书中称日本为"礼义之国"。与此类似的说法,也有用"君子之国"来表现的。此前的702年,遣唐使粟田真人抵达中国时,唐人见之称:"亟闻海东有大倭国,谓之君子国。……今看使人,仪容大净。岂不信乎。"(《续日本纪》"庆云元年七月"条)或以为这些记载表明中国方面认为日本人礼仪端正谦谦有德,其实,这仍是日本人自我陶醉的误解。这类赞美之词,也用于形容新罗。例如唐玄宗在颁发上引国书的翌年(737,唐开元二十五年)就曾对新罗使节说:"新罗号为君子之国,颇知书记,有类中华。"(《册府元龟》卷975《外臣部·褒异》)如其言语所示,懂得文字,类似中华,便成为"君子之国"的条件。当然,"礼义之国"也是对于类似中国的称赞。在中国周围,日本和朝鲜最热心于学习中国文化,采纳实行,中国人看到这点,把他们作为中国文化的优秀弟子,加以称赞,仅此而已。[2]

《续日本纪》"宝龟十年(779,唐大历十四年)五月癸卯"条记载:"唐使孙兴进、秦总期等朝见,上唐朝书,并贡物信。诏曰:'唐使上书,朕见之。唯客等远来,艰辛行路,宜归休于馆。寻欲相见。'"此"唐使",乃随前年自长安归国的日本持节遣唐副使小野石根等从唐朝来到日本的中使(宦官)赵宝英的判官。小野石根等38人和赵宝英等25人在途中遇难,孙兴进等56人乘断为两截的船舻,漂流到萨摩(同书"宝龟九年十一月乙卯"条)。上引记载中所谓递交"唐朝书",如果是国书,则本应由赵宝英持来。天皇诏书中说"唐使上书",其后记载,中

---

[1] 前引西岛定生《遣唐使和国书》。

[2] 上引汤浅幸孙论文指出,中国古籍所谓东方有君子之国的记载,是用于褒奖具有中国式教养的日本和新罗等国的客套话。古畑彻《对渤海使所具文化使节侧面的再检讨——与渤海后期的中华意识、对日意识相关联》(《东洋史论集》6,1995年)也论及日本和新罗的"君子之国"问题,提出同样的见解。

纳言物部宅嗣宣敕道:"唐朝天子及公卿,国内百姓平安以不?"如果见过唐朝国书,一般不应提出这种问题。遗憾的是,此国书的内容没有保存下来。

此前的 761 年,迎藤原河清使高元度一行也在唐押水手官、越州浦阳府折冲、赏紫金鱼袋沈惟岳等人的陪同下回国(《续日本纪》"天平宝字五年八月甲子"条),这些人是划船的水手及其长官,地位并不高,所以可能没带国书之类的文件。此时为"安史之乱"后期,唐朝皇帝让高元度带来输送弓材及牛角的要求(同书同年"十月辛酉"条),但是,由于沈惟岳一行内部失和而留在日本不归,所以牛角等物资大概最终也没有送成。

如上所述,唐朝将日本视为地位较低的国家,如果有国书保存,则将反映于其文辞上。但是,唐朝和日本之间并没有君臣关系,日本也未曾向唐朝臣服过,因此,日本正史的《六国史》或许不想记载唐朝国书之类的文件。就此点而言,《日本书纪·推古纪》记录下隋朝的国书,弥足珍贵。《善邻国宝记》收录了唐初的国书,反映出当时的形势,并如上面的分析,采用对日本相当尊重的格式。此后,在唐朝的统治确立之后,日本的地位,可以从下面摘引的 700 年(圣历三年)发布的敕书加以推定。《唐会要》卷 100《杂录》记载:

> 东至高丽国,南至真腊国,西至波斯、吐蕃及坚昆都督府,北至契丹、突厥、靺鞨,并为入番,以外为绝域。

仁井田陞先生据此将唐朝周边地区分为"蕃域"和"绝域"。[1]"蕃域"限于向唐朝臣服并经常朝贡的国家,"绝域"是在此之外不定期入朝的边远国家。日本处于"绝域"的朝贡国地位。从中华思想来看,"绝域"国家仍为下属国家。

唐朝在同周边各国之间,设定了君臣、父子及兄弟的身份关系。故有人主张,国书的格式也因此身份关系而略有不同。这一点,本章一开

---

〔1〕仁井田陞《东亚各国的固有法和继受法》,收入其著《中国法制史研究·法与习惯 法与道德》,东京大学出版会,1964 年。

头就作了介绍。但是,研究日隋、日唐之间国书的结果,显然未必都是如此。可以说,国书的格式,为国与国之间时时变动的实力关系、国家观念、周边国际形势等因素所左右。不能否认,东亚的国际关系受中国和各国之间的名分所规定,但是也应该看到,存在着因当时的条件而柔软对应的情况[1]。这是我最后想指出的。

〔1〕我曾经指出,中国的世界帝国是承认各民族相对自立的宽松的结合,并因各民族社会的多样性及其与中国的实力关系,而呈现各种差异(《如何建构东亚历史的面貌》、《近代以前的东亚世界》,载《历史学研究》276、281,1963 年;收入我的著作《律令制与东亚世界》,汲古书院,1994年)。国书的格式不仅与此对应,也同这种多样性关系的时间因素产生的变化相对应。

4 渤海与日本之间的国书

4.1 中国周边各国给中国的国书

近代以前,国家之间的国际关系,不同于近代国际法所规定的对等和自由的关系,更多是由各国君主与君主之间的身份关系所规定的。如同近代国家内的人民平等而自由,而近代以前的国家秩序却依靠身份关系来维持,这两者是相互对应的。因此,各国君主之间的关系,经常用君臣、父子、兄弟和舅甥等关系来表现。

这种身份关系最典型的表现,是国家间(不如说是君主之间)交换的国书格式,特别是国书开头的文辞。使各国服从并缔造出世界帝国的唐朝,保存了比较多的给周边国家的国书,我们可以获知其格式及君主之间相互的身份关系。[1] 另一方面,各族君主给中国皇帝的国书,保存下来的意外地少。虽然有引用国书的一部分,或者摘要国书的记载,但是,能够用以了解其格式的很少。

其中,如上一章所引,我们可以见到一部分汉朝与匈奴、隋朝与突厥,以及日本与隋朝之间交换的国书,前者属于敌国(双方对等)关系,而后者则属于一方希望获得对等(隋朝方面不予承认)的关系,这可以说是东亚国际关系中的特殊情况。突厥臣服于隋朝后曾送去一份国书,其文曰:

> "大突厥伊利俱卢设始波罗莫何可汗,臣摄图言。"(《隋书·
> 突厥传》)

在名字之上加"臣"字,用"臣某言"的格式。但是,在"大突厥"和名字上,还多少保持着曾经是大国的自负。

---

〔1〕金子修一《论唐代的国际文书格式》,《史学杂志》83－10,1974 年。

欧·亚·历·史·文·化·文·库·

隋朝和突厥的关系,在其后隋朝所拥立故而特别亲隋的启民可汗时代,可由以下记载得以反映。《隋书·炀帝纪》"大业三年(607)七月辛亥"条记载:

> 诏启民赞拜不名,位在诸侯王上。

《隋书·突厥传》也有相同的记载。如同汉朝给予匈奴呼韩邪单于的待遇一样,得到"称臣不名"的特权[1],也许启民可汗的国书只写作"臣某言"。

到了唐代,《册府元龟》卷999《外臣部·请求》"开元七年(719)二月"条记载,粟特各国苦于受大食的侵逼,一起向唐朝上表,请求救援。安国王的上表说:

> 臣笃萨波提言,臣是从天主("生"之讹)领普天下贤圣皇帝下,百万重("里"之讹)草[土]类奴,在远叉手,胡跪礼拜天恩威相,如拜诸天。云云。

康国王的上表说:

> 臣乌勒伽言,臣是从天生[领]普天[下]皇帝下[2],百万里马蹄下草土类奴。云云。

这两件上表的文辞几乎相同,和前面引录的突厥可汗致隋朝国书一样,都以"臣某言"起句,令人感到它具有一定的格式。

《册府元龟》卷971《外臣部·朝贡》"开元二十九年(741)三月"条收录了突厥登利可汗的朝贺表:

> 顶礼天可汗,如礼诸天。奴身曾祖巳来,向天可汗忠赤,每征发为国出力。今新年献月,伏愿天可汗寿命延长,天下一统。所有背恩逆贼,奴身共拔汗那王,尽力枝敌,如有归附之奴,即和好。今谨令大首领伊难如拜贺。

以上似乎是表文的一部分,虽然未见"臣某言"的文字,但从属国的君主自称为"奴",这与粟特各国的情况相同。

---

〔1〕尾形勇《中国古代的"家"与国家》,岩波书店,1979年,第150页。

〔2〕唐代北方民族称中国皇帝为"天可汗",但西域诸国不习惯于此称号,故作此称呼。参阅罗香林《唐代天可汗制度考》,收于其著《唐代文化史》,台北,台湾商务印书馆,1974年。

"臣某言"的格式,尾形勇先生称之为"臣某格式",它始于先秦时代,直到清朝仍在使用,乃臣下自称的格式[1],身为外臣的异族君主,也使用此格式。而且,因为"臣"字原来用于指奴隶,所以,此称呼使人联想起臣下的奴隶性隶属关系。上述各例中,外族君主实际上自称为"奴",正表明"臣"字本义尚在使用。

以上事例虽少,但可看出,"臣某言"应是从属国君主给中国皇帝国书的一般格式。此外的例子,如《宋书·夷蛮传》收录了南方各国的朝贡表文。其中,西南夷诃罗陁国的表文称:"伏惟皇帝,是我真主,臣是诃罗陁国王,名曰坚铠。今敬稽首圣王足下。"从自称为"臣"来看,似乎是已经接受册封的国家。但是,从自我介绍式的写法来看,则是否受过册封,令人置疑。此外,还有两三个国家称宋皇帝为"大吉天子足下"等。狮子国的上表称:"谨白大宋明主";天竺迦毗黎国的上表称:"今以此国群臣吏民,山川珍宝,一切归属,五体归诚大王足下。"由于这些国家并非臣属国,所以以上文辞应理解为应酬语。我们虽然不知道这些是否为中国方面翻译的文辞,但是,称中国皇帝为"大王"说明他们不懂得中国的制度,所以也就不必被迫去迎合它。

东亚各国致中国的国书,除了日本给隋朝的国书外,能够明了其格式者概无所存。日本不但给隋朝,也多次给唐朝寄送国书[2],但未留下记载。至于中国给日本的国书,则保存了若干封,属于隋唐时代。在日本寄送的国书中,除了推古朝的"东天皇敬白西皇帝"外,概无所知(参阅上一章)。唐朝使节高表仁曾经到过日本,据说他"争礼,不宣朝命而还",亦即力争日唐两国身份的上下关系(参阅第二章),故此后或许唐朝对日本的遣唐使或其国书会提出表现某种身份关系的要求。

---

〔1〕上引尾形勇著作第二章《从自称格式看君臣关系》。

〔2〕参阅西岛定生《遣唐使和国书》,收入茂在寅男等编《遣唐使研究及其史料》,东海大学出版会,1987年;汤浅幸孙《遣唐使考辩二则》,《日本历史》464,1987年;森公章《古代日本对唐朝看法的研究——以"对等外交"与国书问题为中心》,载《国史研究》84,1988年,收入其著《古代日本的对外认识与交通》,吉川弘文馆,1998年。

·欧·亚·历·史·文·化·文·库·

东亚各国和中国之间交换国书的记载固然不多[1]，然而，东亚各国有国交，因此应该有某种形式的文书交换。这些国家仿效中国建设国家，采用其诸般制度，故而在国家间的外交关系上也必定仿效中国。例如，日本的统治者自以为拥有一个小中华帝国，并想将朝鲜国家当作从属国来对待。且不论朝鲜国家是否接受，来到日本的新罗使节不持有国书，却是惯例。[2]

从8世纪开始，渤海与日本交往，频有使节到访，交换国书。渤海送来的国书，大多保存了下来，而日本致渤海的国书也有若干件可知。渤海的国书自然有模仿中国的方面，但是，从其形式到内容，都可反映出渤海与日本所欲缔结的国交的性质。日本想将渤海当作从属国对待，故而非难渤海的国书。另一方面，日本国书里也透露出重视渤海的痕迹。关于渤海和日本的国交，有不少研究，尤其是国书问题，石井正敏先生敏锐地指出，在把渤海视为高句丽继承国的问题上，日本和渤海两国之间存在着认识上的差异[3]。本章将顺着这些研究成果，提出若干个人的见解。

4.2　渤海与日本之间国书的格式

在渤海和日本之间，来自渤海的使节有 30 到 34 次（是否视为正式

---

〔1〕参阅山田英雄《论日、唐、罗、渤之间的国书》，收入其著《日本古代史考》，岩波书店，1987年。

〔2〕栗原朋信《上代三韩对日本的外交形式》，收于其著《上代日本对外关系研究》，吉川弘文馆，1978年。752年（天平胜宝四年），新罗王子金泰廉奏称："新罗国王言，日本照临天皇朝廷，云云。"（《续日本纪》该年六月己丑条）但未记作国书。779年（宝龟十年），日本朝廷给大宰府的敕中说："新罗使金兰孙等，远涉沧波，贺正贡调。其诸蕃入朝，国有恒例。虽有通状，更宜反复。府宜承知研问来朝之由，并责表函。如有表者，准渤海蕃例，写案进上，其本者却付使人。凡所有消息，驿传奏上。"（《续日本纪》该年十月乙巳条）翌年，金兰孙回国时，日本的玺书称："天皇敬问新罗国王。……日者亏违蕃礼，积岁不朝。虽有轻使，而无表奏。由是泰廉还日，已具约束，贞卷来时，更加谕告。其后类使，曾不承行。今此兰孙，犹陈口奏。理须依例，从境放还。……后使必须令赍表函，以礼进退。今敕筑紫府及对马等戍，不将表使，莫令人境。宜知之。……"（《续日本纪》"宝龟十一年二月庚戌"条）然而，新罗使到日本，这是最后一次，所以还是以没有带来"表"（国书）告终。

〔3〕石井正敏《论日渤交往中渤海的高句丽继承国意识》，中央大学《大学院研究年报》4，1974年；《论第一次渤海国书》，《日本历史》327，1975年。

使节,意见颇有分歧),而日本的送渤海使,或者遣渤海使有 15 次。[1]这些使节大多持有国书,其原文或内容颇可知晓。

关于日本致渤海的国书,我首先想指出的,是日本的国书一贯以"天皇敬问渤海国王",或者"天皇敬问渤海郡王"开头。致新罗的国书也一样,起句为"天皇敬问新罗王",或者是"天皇敬问新罗国王"。[2]

如沼田赖辅先生所指出的[3],此格式记载于日本《延喜式·中务省》项下的《慰劳诏书式》,规定:"大蕃国云'天皇敬问',小蕃国云'天皇问'"。据此,则渤海和新罗属于大蕃国,问题是此项规定似乎未见于《大宝令》和《养老令》,所以,它到底在什么时候成立呢?根据《续日本纪》,能够确认使用此格式的,始于庆云三年(706)正月给新罗王的国书。时间在《大宝令》实行后不久,《养老令》制定之前,因此,也许实际使用先于法令规定。但不管怎么说,此格式效法中国,因此,在中国有其用例。无视此情况而论证日本的这一格式乃明白表示上下名分区别[4],颇可商榷。

如上一章所引,中国汉王朝初期给匈奴的国书称:"皇帝敬问匈奴大单于",其时,汉朝和匈奴的关系为"邻敌之国"(《汉书·匈奴转》),也就是对等的邻国关系。因此,匈奴方面的回书亦称:"匈奴大单于敬问皇帝",或者为:"匈奴大单于敬问汉皇帝"。唐代对突厥、回纥、吐蕃和铁勒等国也用"皇帝敬问××可汗"、"皇帝敬问××王"的格式,但限于两国处于敌国、兄弟或同族关系时。当缔结君臣或父子关系后,则

---

〔1〕关于渤海和日本双方派遣使节的次数,由于不同的算法而意见分歧,本章根据上田雄、孙荣健合著的《日本渤海交流史》(六兴出版社,1990 年;修订增补版由彩流社出版,1994 年)。考虑到存在不同算法的情况,本文叙述时尽量列举出使节的名字。

〔2〕参阅新日本古典文学大系本《续日本纪》第 1 卷,372 页注 63"给新罗王等的敕书格式"。

〔3〕沼田赖辅《日满古代国交》,明治书院,1933 年,第 55 页。

〔4〕新妻利久《渤海国史及其与日本国交史的研究》,东京电机大学出版局,1969 年,第 175 页。石井正敏《古代东亚的外交与文书——以日本和新罗、渤海的事例为中心》,《亚洲中的日本史》2,东京大学出版会,1992 年。

使用"皇帝问"或"敕"的形式。[1] 我研究了唐朝给日本的国书等信函,认为唐朝不仅根据对方国家的身份,而且还根据当时的形势和实力关系而区别使用不同的格式(参阅上一章),对于唐朝最尊重的国家,使用"皇帝敬问"的文句。

比较唐朝的中华帝国和日本仿效炮制的小中华帝国,对唐朝而言,周边各国都是蕃国,而日本则规定了唐朝属于"邻国"这样一种特殊的存在,因此必须区分"邻国"和"蕃国"。[2] 上面的格式是用于蕃国的,对于渤海和新罗,使用最为郑重的格式。当然,虽然是郑重的格式,但其言辞之中还是流露出以中华天子自居的意识。[3] 故国书的内容表明,日本统治者想把渤海和新罗当作臣属国对待。然而,日本把中国用于对等国家或特别尊重的对手国家的格式,转用于渤海和新罗,恐非偶然。要把他们当作臣属国,是日本单方面的想法,对方未必会接受。这些国家都具有独立的意志和力量,日本的计划行不通。我以为,这样的关系使得日本自然而然地使用郑重的格式。

关于渤海来到日本的使节,由于部分记载散佚而难以断言,但他们应该都携带国书。有些虽然没有国书的记载,但也多由其使节在日本朝廷的奏言而留下纪录。在这种情况,奏言的开头多作"渤海[国]王言"或"国王某言"等,明显是传达国王的意思。

例如,753 年(天平胜宝五年)五月第三次渤海使慕施蒙奏称:

---

〔1〕上引金子修一论文。根据中村裕一《唐代制敕研究》(汲古书院,1991 年)第二章《慰劳制书(慰劳诏书)》(特别是第三节《唐代慰劳制书的相关史料》)所论,中国的慰劳诏书用于内外臣僚,其格式为:"皇帝[敬]问某"。若据金子先生的分析,则在对外国使用时,"敬问"和"问"有区别。

〔2〕石母田正《天皇与"诸蕃"》,收于其著《日本古代国家论》第 1 部,岩波书店,1973 年;《石母田正著作集》第 4 卷。

〔3〕上引中村裕一著作第二章(特别是第四节《慰劳制书与致书文书》,第 322 页)认为,"敬问"用于对等的国家,和皇帝统治的理念及中国王朝的世界观相左,并对金子说进行批判。使用"敬问"的汉代的匈奴、唐代的突厥及其他国家,中国王朝并未将他们从中华式的世界观中排除出去,反而因为他们而产生以对等国为敌国的观念。而且,对于敌国使用"敬问"是事实。然而,对于非敌国,例如在同新罗敌对时,唐朝也将此格式用于日本(参阅前一章),也就是需要尊重对方时,也使用"敬问"一语(日本是不臣的朝贡国,所以不能称为敌国)。日本对于渤海和新罗,大概与此相仿。

渤海王言,日本照临圣天皇朝。不赐使命,已经十余岁。是以遣慕施蒙等七十五人,赍国信物,奉献阙庭。(《续日本纪》"五月乙丑"条)

起到了交换国书的作用。如下一节的介绍,这批使节回国时日本天皇的玺书称:"但省来启,无称臣名。"(《续日本纪》是年"六月"条)"启"亦即国书,是另外带来的。这里所说的"来启",颇可解释为此前的第一、第二次使节所带来的"启"。但是,814 年(弘仁五年)来日本的第十七次渤海使王孝廉并没有携带国书的记录,翌年回国时,日本天皇书却称:"省启具怀"、"今之上启,不敢违常,然不遵旧例"(《日本后纪》"弘仁六年正月甲午"条)。因此,即便没有国书的记载,却因为有使者传达奏言,故不能断言经常不带国书。

渤海的国书一般称作"启",常写作"武艺启"、"崇璘启"和"仁秀启",仅称渤海王名字而不称姓。但是,841 年(承和八年)来日本的第二十四次渤海使贺福延携带的"启状"却称:"渤海国王大彝震启。"(《续日本后纪》"承和九年三月辛丑"条)这也许是例外,也许是日本记录者或编撰者做了改写。

渤海国的国书一般以"启"的形式出现,但是,如"所上之表,……无礼"(《续日本纪》"宝龟三年正月丁酉"条,772 年第七次渤海使)、"所进表函,违例无礼"(《续日本纪》"宝龟四年六月戊辰"条,第八次渤海使)、"进表无礼"(《续日本纪》"宝龟十年十一月乙亥"条,779 年第十一次渤海使[1])等所示,也有称作"表"的例子。然而,这些事例都集中在日本的宝龟年间,因此,并非渤海方面更改了国书的形式,而是日本方面将"启"视为上表,故如此称呼。如后述,"启"和上表不同,因此,若作如此看待,当然显得无礼。

811 年(弘仁二年)十月,从渤海回国的遣渤海国使林宿祢东人等报告:"国王之启,不举常例。是以去而不取。"(《日本后纪》"弘仁二

---

〔1〕当时的朝廷并未将这次使节高洋弼当作正式使节对待,故以往的研究也都不承认此次使节为正式的渤海使,但由于带来了进表等文件,所以上田雄先生将此视为准正式使节处理。

年十月癸亥"条)不久之后,815年(弘仁六年)正月,第十七次渤海使王孝廉回国时的天皇国书亦谈及此事,说道:"东仁来归不赍启,因言曰:'改启作状,不遵旧例,由是发日,弃而不取者。'"(《日本后纪》"弘仁六年正月甲午"条)采用"状"的形式,并不能说对日本无礼,但日本方面大概注重于遵守旧例。

据此,渤海的国书曾有一度改"启"为"状",但日本方面不接受,故最后送来的文书仍然是"启"。而日本方面也予以认可,并作为"常例"或"旧例"。那么,"启"究竟是什么性质的文件呢?

《唐六典》卷1"左右司郎中员外郎"条记载:

> 凡下之所以达上,其制亦有六。曰:表、状、笺、启、牒、辞。

其注说明道:

> 表上于天子,其近臣亦为状。笺、启于皇太子,然于其长亦为之,非公文所施。九品已上公文皆曰牒,庶人言曰辞。

据此,"启"是下级向上级呈交的文书,也可用作给皇太子或官府长官的文书,因此,原则上不应用于君主致君主的国际文书上。[1] 如日本方面的要求,持君臣之礼,则应采用"表"或"状"的形式。

"启"的文书格式,在敦煌出土的书仪(书简范本集)中可以见到。例如,伯希和汉文文书第3442号,杜友[有]晋撰《吉凶书仪》卷下收录《启凶仪四首》,其格式均以"某启"开首,以"谨启"结尾。此外,斯坦因汉文文书第6537号,郑余庆撰《大唐新定吉凶书仪》,残存《寮属起居[启]第六》和《典史起居启第七》文书部分,有"起居启"、"贺正冬启"(或为"贺正表")等文例,同样以"某启"开头"谨启"结尾的最为普通,其后保存有"某月某日具官衔姓名启"或"某月日某职姓名启",亦即日期、署名的格式。

伯希和文书第2556、2646号,斯坦因文书第2200号,张敖撰《新集(或为"新定")吉凶书仪》中有《起居启》,收录了《寮属起居启状等》、

---

[1] 新日本古典文学大系本《续日本纪》第2卷,第188页注5说:"启,是中国王朝册封体制下国王与国王交换的外交文书形式。不同于《公式令》7的'启。'"然而,除了渤海之外,并未见到"启"用于国际文书的事例。

《贺正冬启》、《贺改官启》等例文,以"厶启"开头,用"谨启"结尾,其后记作"厶月日具官阶姓名启"等日期和署名。伯希和文书第 3502 号,张敖撰《新集诸家九族尊卑书仪》有题为《贺正冬启》的书式,"谨启"之后为"厶月日启。某乙 启上",日期、署名的写法与上面的例子不同。此外,伯希和文书第 3449 号书仪收录的官员之间的书函,虽以"厶启"开头,却有以"厶状"结尾的例子。[1]

现存北宋司马光《司马氏书仪》卷 1《私书》、《家书》项下收录了以"某启"开头的格式,用于《私书》中对"尊官"、《家书》中亲族内外尊属、长辈、夫人给其夫等的场合。同书卷 9、卷 10《丧仪》中也保存若干件书仪,其中"某启"的格式,不但用于对他人的长辈,也用于慰问晚辈的逝世。

"启"在文书中的实际用例,登载于《文苑英华》卷 651 到卷 666,分为"谏诤"、"劝学"、"荐士"、"贺官"、"谢辟署"、"谢赐赉"、"杂谢"、"谢文序并和诗"、"上文章启"、"投知"和"杂启"等类别。此外,敦煌出土的文章,收录于《敦煌社会经济文献真迹释录》第 5 辑。从中可以看出,对皇太子称"臣某言",或"臣闻"等,使用"臣"字。而在官员之间,大部分用"某启",或"某闻"等开头,而以"谨启"结束。敦煌文书中,还有僧侣之间的启,或为"致和尚启"等,也许对待上级和尚准同官人。日本竹内理三编《宁乐遗文》下,收录了正仓院收藏的题为"人人启状"的文书。其中,以"谨启"起首、"谨启"结束的最多见。[2] 但是,在上述中国书仪及其实例中,似乎未见以"谨启"开头的。

看看这些书仪及其实例,联系前引《唐六典》所谓"非公文所施"的

〔1〕这里所引用的敦煌出土文书的大部分,赵和平《敦煌写本书仪研究》(台北,新文丰出版公司,1993 年),周一良、赵和平《唐五代书仪研究》(北京,中国社会科学出版社,1995 年)有引用和解说。在后述《敦煌社会经济文献真迹释录》第 5 辑(香港,古佚小说会,1990 年)中,也引录一部分。那波利贞《论〈元和新定书仪〉与杜有晋编〈吉凶书仪〉》(《史林》45 - 1,1962 年),移录了伯希和文书杜有晋撰《吉凶书仪》的全文。本章脱稿之后,见到赵和平《敦煌表状笺启书仪辑校》(南京,江苏古籍出版社,1997 年),其中有关"启"的史料不多。

〔2〕竹内理三编《宁乐遗文》下(东京堂,1944 年)。丸山裕美子《论书仪的采行——正仓院文书所见〈书仪的世界〉》(《正仓院文书研究》4,1996 年)中登载了"人人启状"一览表。这些史料的存在,给予本文以启发。

含义,可知"启"这种文章格式,用于个人之间的通信。《司马氏书仪》称之为"私书"或"家书"。根据这些书仪,它们用于吉凶问候和互通起居音讯。此外,根据《文苑英华》的实例,也用于忠告、祝贺、谢礼和推荐友人的场合。从《司马氏书仪》和《文苑英华》的实例来看,敦煌出土的书仪,不仅用于"寮属"或"典史"等下级给同官府内的长官的文章中,也广泛用于一般官员或私人之间的文章里。

那么,渤海为什么用这种性质的启作为国书的格式呢? 石井正敏先生指出,启也有用于国家间的例子。[1] 根据《大唐创业起居注》,后来成为唐高祖的李渊在太原时,曾给突厥送去起首称"某启"的署名书函,后来由于手下官员的劝谏而改作"书"。当时在形势上,突厥压迫着李渊的军队,所以,身为隋朝官员的李渊想用官僚之间的行文"启"的格式,给名义上为隋朝从属国的突厥修书。因此,从严格意义上说,用"启"的格式作国书,开始于渤海。

渤海要求和日本建立国交,最初是因为同唐朝及新罗对立,故希望通过和日本的国交来与之对抗。[2] 此后,日本也因为同新罗对抗而希望与渤海联手。渤海和唐朝修复关系之后,日本和渤海之间的关系转为以贸易为主要目的。[3] 仅从这种关系来看,渤海作为独立的国家,当然希望和日本建立比较对等的国交。

关于这一点,如石井先生所论,在728年第一次使节高仁义带来的国书中,已经提出要"通使聘邻,始乎今日"、"永敦邻好"(《续日本纪》"神龟五年正月甲寅"条)。第二次(739年)使节胥要德所持国书中,

〔1〕上引石井正敏论文《论第一次渤海国书》。

〔2〕一般认为,黑水靺鞨与唐朝交好,激怒了大武艺,故而进攻黑水靺鞨。对此表示反对的王弟大门艺流亡到唐朝,造成双方的敌对更加尖锐,遂成为渤海遣使到日本的契机。对此见解,古畑彻提出批判,强调要重视新罗与渤海之间的对立。参阅古畑彻《日渤交往初期的东亚情势——渤海开始对日通交变因再探》,载《朝鲜史研究会论文集》23,1986年。但是,在此之前的720年(养老四年),日本曾派使者到"靺鞨国"。《续日本纪》"养老四年正月丙子"条记载:"遣渡岛津轻津司从七位上诸君鞍男等六人于靺鞨国,观其风俗。"酒寄雅志先生认为此即是遣唐使在唐朝所听到的"渤海靺鞨",亦即渤海。参阅酒寄雅志《八世纪的日本外交与东亚情势——以同渤海的关系为中心》,载《国史学》103,1977年。据此,则日本采取的行动乃在此前。

〔3〕许多靺鞨首领参加到这种贸易中来。李成市近著《东亚的王权和交易》(青木书店,1997年)第141页以下认为,在此贸易的背后,实际存在着靺鞨人控制渤海王权的政治目的。

也有其国王钦茂"每修邻好"的希望(《续日本纪》"天平十一年十二月戊辰"条)。[1] 对此,日本在第三次(752年)使节慕施蒙回国时交付的玺书中指责道:"但省来启,无称臣名。"(《续日本纪》"天平胜宝五年六月丁丑"条)如果是"臣",则如我在本章开头所论,必须使用正式的"臣某言"的格式。日本当局是否有如此程度的要求,不得而知,但渤海方面却是始终坚持使用"启"的格式。"启"虽然不用于国书,但由于它是个人之间问候起居的书信形式,所以也符合国书的一般性目的,且为对上级的文书,故也可用来表示对对方国家的尊重态度。将个人之间的书信格式转用于国书,应是渤海人的智慧。

如此思索出来的"启"的形式,经过第一、第二次派遣的使节,到第三批使节时,遭到了前述日本的责难。故第四次使节以后经常没有看到国书的记载,或与此有关。然而,第七次使节壹万福似乎又带来了"启",因而受到指责:"所上之表,岂违例无礼。"772年(宝龟三年)二月,日本天皇托此行使节带回给渤海王的国书中说:"今省来书,顿改父道,日下不注官品、姓名,书尾虚陈天孙僭号。"(《续日本纪》"宝龟三年二月己卯"条)渤海王的"启",原文可知者颇多,但能够见到的只是本文部分,结句只有部分可知(晚期的"启"可见到"谨奉启"、"奉启"和"谨启"等落款),日期和署名部分都没有流传下来。由于日期、署名和结句部分最能表现身份关系,因此,此点很容易引起争执,但由于使节壹万福"改修表文,代王申谢"(《续日本纪》"宝龟三年正月丙午"条),而使问题得以解决。这时,日本的国书仍说道:"高氏之世,兵乱无休,为假朝威,彼称兄弟。方今大氏曾无事,故妄称舅甥,于礼失矣。""舅甥"一语究竟出自渤海王的启中,还是出自使节的奏言里,无

---

〔1〕参阅石井正敏前引《论第一次渤海国书》及《关于第二次渤海遣日使的诸问题》(旗田巍先生古稀纪念会编《朝鲜历史论集》上,龙溪书舍,1979年)。但是,"邻好"一语并不一定就意味着对等的国交。826年,第二十二次渤海使高承祖回国时,日本天皇的书函中说:"敦邻好于南下(亦即日本)。"(《类聚国史·殊俗部·渤海》"天长三年五月辛巳"条)这是因为此次使节携有唐僧灵仙的表物前来,故在他们回国时托其带给灵仙黄金百两,而说了上述那番话。保科富士男《古代日本的对外意识——表示相互关系的词语》(收于田中健夫编《前近代的日本与东亚》,吉川弘文馆,1995年),研究了日本的外交词汇。但是,从外交词语的用例来论述日渤关系的推移,与我在本章的阐述并不都一致。

从得知,此或是针对日本提出执兄弟之礼的要求,渤海方面希望结为舅甥关系而作的答复。

最后,日本接受"启"的形式,并作为惯例予以承认。但是,此后日本仍在指责渤海的表文、表函无礼(前引史料)、"首尾不惬,既违旧仪"(《类聚国史·殊俗部·渤海》"延历十五年五月丁未"条)[1]或"国王之启,不据常例"(《类聚国史·殊俗部·渤海》"弘仁二年十月癸亥"条)等等。渤海方面有时也妥协一下,称:"渤海国王,始自远世供奉不绝"(《续日本纪》"宝龟八年四月癸卯"条所载使节的奏言),"结交贵国,岁时朝觐"(《日本后纪》"延历十五年十月己未"条所收录的王启),"入觐贵国,得达微诚"(《日本三代实录》"元庆元年四月十八日"条所收录的王启)等等。但是,这些文辞只表现东亚国家间一般的朝贡关系,而不一定表示结成君臣关系。渤海大概也是这般想的。

759年的第五次渤海使高南申携带中台省牒,传达了随上回使节回国而派遣的日本迎藤原河清使一行99人的情况,告知因为"安史之乱",道路艰险,故仅有大使高元度等11人转赴唐朝,其余的判官等人则随此次使节一道回日本。(《续日本纪》"天平宝字三年十月辛亥"条)因为是替代主要用于问候起居的王启,报告具体事务,所以采取主管官厅文书的形式。关于"安史之乱"的情况,下一次(第六次)的渤海使在奏言中作了详细的介绍。

晚期的渤海使同时携带王启和中台省牒,似乎成为惯例。其记载始于827年(天长四年)末来日本的第二十三次使节王文矩,延续到876年(贞观十八年)末来日本的第二十九次使节杨中远之时。其中,841年(承和八年)末来日本的第二十四次使节贺福延带来的中台省牒,其写本保存于宫内厅书陵部所藏《壬生家文书》里,新妻利久、中村

---

〔1〕日本文献收录王启时,几乎都从启的起句"某(王名)启"开始记载。但只有这一年的王启作:"哀绪已具别启。伏惟天皇陛下,动止万福,寝膳胜常。云云。"而结尾作:"其少土物,具在别状。荒迷不次。"(《类聚国史·殊俗部·渤海》"延历十五年四月戊辰"条)开始我以为此件只是部分的摘录,现在看来也可能属于"首尾不惬"的例子。

裕一和酒寄雅志等先生作过研究[1]。根据此件文书,其开头为"渤海国中台省,牒上　日本国太政官",结尾为"准状牒上日本国太政官者,谨录牒上,谨牒",再后面是日期和署名,采用进呈给上级文书的格式。[2]

"启"这种文书,本来用于进呈给上级官员,但是,渤海并没有附属于日本。进入9世纪以后,从"启"的行文来看,渤海经常持相当低的姿态,但如第二十七次使节李居正携带的"启",因日本具体负责的官员,"令看启案,违例多端,事须责其轻慢,自彼却还"(《日本三代实录》"贞观三年五月廿一日"条),"启"的内容并不总是让日本方面感到满意。因此,为了不使交流中断而采用中台省牒的形式,可以应付日本方面的高姿态,补充起到"启"所难以完成的作用。中台省牒开始于何时,颇有争论,从以上情况来看,虽然出现于第五次的使节,但其成为常例确是在9世纪以后,酒寄雅志先生的说法似较妥当。

4.3　渤海与日本之间国书的内容
——兼论高句丽继承国的意识

729年送达的渤海国的首件国书,内容如下:

> 武艺启。山河异域,国土不同。延听风猷,但增倾仰。伏惟大王,天朝受命,日本开基,奕叶重光,本枝百世。武艺忝当列国,滥惣诸蕃,复高丽之旧居,有扶余之遗俗。但以天涯路阻,海汉悠悠,音耗未通,吉凶绝问。亲仁结援,庶叶前经,通使聘邻,始乎今日。谨遣宁远将军郎将高仁义、游将军果毅都尉德周、别将舍航等廿四人,赍状,并附貂皮三百张奉送。土宜虽贱,用表献芹之诚。皮币

---

[1]上引新妻利久著作第260页。中村裕一《渤海国咸和十一年(841)中台省牒——古代东亚国际文书之一形式》,载唐代史研究会编《隋唐帝国与东亚世界》,汲古书院,1979年;再收入其著《唐代官文书研究》,中文出版社,1991年。酒寄雅志《渤海国中台省牒的基础研究》,载林陆朗先生花甲纪念会编《日本古代的政治与制度》,续群书类从完成会,1985年。

[2]对此,新罗执事省牒不承认这种形式,以保持对等的关系。参阅上引酒寄雅志论文。

·欧·亚·历·史·文·化·文库·

非珍,还惭掩口之诮。生理有限,披瞻未期。时嗣音徽,永敦邻好。

石井正敏先生对此件国书作过细致的分析,指出收件的日本方面的理解和撰写国书的渤海方面的意思之间,颇有差异,很值得参考。当时日本方面的理解,认为渤海是高句丽的继承者,故应如高句丽向日本臣属朝贡那般,也要服从于日本。时至今日,日本多数学者仍沿袭此传统的解释,认为渤海曾从属于日本。对此,石井正敏先生通过此件国书的研究,主张渤海要同日本缔结近乎于对等的国交。[1] 渤海为高句丽的继承国这一点,日本和渤海似乎有共识。关于此问题,石井正敏先生在另一篇论文中论述了所谓的"高句丽继承国意识",指出日本要求渤海如高句丽那样承认君臣与朝贡关系,但是,渤海却有着自负为再兴往日大国高句丽的伟大国家的使命感。[2]

最初的国书中所表现出来的"高句丽继承国意识",是"复高丽之旧居,有扶余之遗俗"这句话。无需赘述,高丽就是高句丽。而文中的扶余,新妻利久先生认为是百济[3],但石井正敏先生认为,"扶余之遗俗"同"高丽之旧居"同义。我不能赞同石井先生的解释。此处的"扶余",应是《三国志》、《后汉书》、《晋书》等史籍《扶余传》所记载的扶余,在高句丽北方,其国家存在于公元前3世纪至公元5世纪左右。

《三国史记·高句丽本纪》"瑠璃明王十四年(公元前6年)"条记载:"春正月,扶余王带素,遣使来聘,请交质子。王惮扶余强大,欲以太子都切为质。都切恐不行。带素恚之。冬十一月,带素以兵五万来侵。大雪,人多冻死。乃去。"此后,"瑠璃明王二十八年八月"条记载,带素派遣使者前来,言称:"夫国有大小,人有长幼。以小事大者礼也。以幼事长者顺也。今王若能以礼顺事我,则天必佑之,国祚永终。不然,则欲保其社稷难矣。"一般认为,高句丽王出自扶余王子孙后裔,然

---

〔1〕石井正敏前引《论第一次渤海国书》。
〔2〕石井正敏前引《论日渤交往中渤海的高句丽继承国意识》。
〔3〕前引新妻利久著作第173页。

而,扶余和高句丽原本有别[1],在高句丽建国初期,扶余是大国,高句丽受其压迫。

《新唐书·渤海传》总括介绍了渤海的领地。文章虽长,但为了得见其全貌,引录于下:

> 地有五京、十五府、六十二州。以肃慎故地为上京,曰龙泉府,领龙、湖、渤三州,其南为中京,曰显德府,领卢、显、铁、汤、荣、兴六州。濊貊故地为东京,曰龙原府,亦曰栅城府,领庆、盐、穆、贺四州。沃沮故地为南京,曰南海府,领沃、晴、椒三州。高丽故地为西京,曰鸭绿府,领神、桓、丰、正四州,曰长岭府,领瑕、河二州。扶余故地为扶余府,常屯劲兵捍契丹,领扶、仙二州,鄚颉府领鄚、高二州。挹娄故地为定理府,领定、潘二州,安边府领安、琼二州。率宾故地为率宾府,领华、益、建三州。拂涅故地为东平府,领伊、蒙、沱、黑、比五州。铁利故地为铁利府,领广、汾、蒲、海、义、归六州。越喜故地为怀远府,领达、越、怀、纪、富、美、福、邪、芝九州,安远府领宁、郿、慕、常四州。又郢、铜、涑三州为独奏州。涑州以其近涑沫江,盖所谓粟末水也。龙原东南濒海,日本道也。南海,新罗道也。鸭绿,朝贡道也。长岭,营州道也。扶余,契丹道也。

这里所反映的是渤海末期领土扩张了的情况[2],"××故地"乃根据渤海方面的资料所作的记载。据此,上京、中京为肃慎故地,东京为濊貊故地,南京为沃沮故地,西京和长岭府为高句丽故地,扶余府和鄚颉府为扶余故地,定理府和安边府为挹娄故地,率宾府为率宾故地,东平府为拂涅故地,铁利府为铁利故地,怀远府和安远府为越喜故地,整

〔1〕白鸟库吉《论夫余国始祖东明王的传说》(1936年发表,收于《白鸟库吉全集》第5卷)认为,高句丽和扶余具有共同始祖的传说,是高句丽统治扶余之后编造出来的,从而否定两者为同族的见解。近年,李成市《〈梁书〉高句丽传与东明王传说》(早稻田大学文学部东洋史研究室编《中国正史的基础研究》,早稻田大学出版部,1984年;收入其著《古代东亚的民族和国家》,岩波书店,1998年)也基本同意此说。

〔2〕和田清《渤海国地理考》(《东洋学报》36-4,1954年;收入其著《东亚史研究(满洲篇)》,东洋文库,1955年)说:此五京十五府六十二州,"无疑是太和中(827—855年)宣王(仁秀)当时的情况"(注4)。鸟山喜一《渤海史上的诸问题》(风间书房,1968年)第114-115页赞同此说,但以为五京出现于文王(钦茂)时代。

个五京、十五府是渤海以前各族的土地。其中，肃慎、獩貊、沃沮、高句丽、扶余、挹娄是存在于中国东北到朝鲜北部的民族或国家，率宾的情况不明，而拂涅、铁利、越喜为靺鞨各部。由此可以清楚地知道，渤海是继承上述各族、各部的土地的国家。[1] 如此，则稍早的记载中"复高丽之旧居，有扶余之遗俗"这句话的含义，也就不言自明了。在上述各族中，建立过较大国家的是高句丽和扶余，所以才将这两个国家点了出来。

下面，我们再来探讨上节曾介绍过的第三次渤海使慕施蒙回国之际，亦即 753 年日本天皇托付的玺书，兹引录于下：

> 天皇敬问渤海国王。朕以寡德，虔奉宝图，亭毒黎民，照临八极。王僻居海外，远使入朝。丹心至明，深可嘉尚。但省来启，无称臣名。仍寻高丽旧记，国平之日，上表文云："族惟兄弟，义则君臣。"或乞援兵，或贺践祚。修朝聘之恒式，效忠款之垦诚。故先朝善其贞节，待以殊恩。荣命之隆，日新无绝。想所知之，何假一二言也。由是先回之后，既赐敕书。何其今岁之朝，重无上表。以礼进退，彼此共同。王熟思之。季夏甚热，比无恙也。使人今还，指宣往意，并赐物如别。（《续日本纪》"天平胜宝五年六月丁丑"条）

对此件文书，石井先生作了详细的注释[2]，具体解释可从之。玺书的要旨，在于依据高句丽曾经和日本有君臣关系，因而要求渤海也必须执臣下之礼。[3] 日本的要求基于高句丽的前例，问题是此前例是否

---

〔1〕参阅古畑彻《古代日本沿岸各地域间的交流——古代日朝间交流之一幕》注 24，收于原尻英树、六反田丰编《半岛与列岛的国家——日朝比较交流史入门》，新干社，1996 年。

〔2〕石井正敏前引《论日渤交往中渤海的高句丽继承国意识》。

〔3〕铃木靖民《奈良时代的对外意识——〈续日本纪〉朝鲜记事研讨》（发表于 1969 年，后订补收入其著《古代对外关系史的研究》，吉川弘文馆，1985 年）第 206 – 207 页，酒寄雅志《八世纪的日本外交与东亚情势——以同渤海的关系为中心》认为，日本对于渤海，在提出君臣关系的同时，也希望仿效兄弟那样建立亲密的关系。然而，根据玺书，兄弟和君臣都属于高句丽时代的事，在同渤海的关系上，如同"但省来启，无称臣名"所示，重点在于强制要求缔结君臣关系。

正确。[1] 日本和高句丽之间,虽然在 5 世纪左右有些交往,但仍以敌对的情况居多,双方关系变得亲密起来,要在 570 年(钦明天皇卅一年)高句丽派来使者以后,特别是在推古朝以后。那时,高句丽同强大的隋朝对抗,所以接近日本,至于臣服于日本之类的事根本想都没想过,也未见记载。故鸟山喜一先生指出,上述玺书的言辞只不过是要让渤海屈服的借口罢了。[2]

然而,玺书列举出"高丽旧记",还引用了"族惟兄弟,义则君臣"等具体的语句,显然是不能简单加以否定的。前者原文作"高丽旧记",看起来像是书名,但也可以理解为有关高句丽的旧的记载,玺书所引者,以后一种为宜。但是,在高句丽鼎盛时代的记载中,恐怕很难见到像"族惟……"那种关系。因此,有学者认为,如果真有缔结那种关系,也当是高句丽灭亡后隶属于新罗的高句丽遗民安胜的势力。新罗王在册封他为高句丽王的时候,在册书上写道:"永为邻国,事同昆弟。"(《三国史记·新罗本纪》"文武王十年"条)他也经常派使者到日本,其时,大概也采用对新罗那样的言辞吧。[3]

日本告诉渤海,那是高句丽鼎盛时代的情况。772 年,天皇托第七次渤海使壹万福带回的国书说道:

> 昔高丽全盛时,其王高氏,祖宗奕世,介居瀛表,亲如兄弟,义若君臣,帆海梯山,朝贡相继。逮乎季岁,高氏沦亡,自尔以来,音问寂绝。(《续日本纪》"宝龟三年二月己卯"条)

其中也引用了"亲如兄弟,义若君臣"一句。"其王高氏",有的版本作

〔1〕森田悌《日本、渤海的兄弟、舅甥关系》(收于虎尾俊哉编《律令国家的政务与仪礼》,吉川弘文馆,1995 年)一文完全肯定日本方面的记载,推测兄弟、君臣关系乃出自高句丽方面的要求,始提出于隋代,而实现于唐朝和高句丽对抗的时期。高句丽虽然自隋代以来通好突厥、接近日本,然而,并没有证据表明欲与日本结为兄弟和臣属关系。《日本书纪》虽然记载高句丽前来朝贡,但那只是在当时东亚国际关系中用于表示通交事实的说法而已。即使日本方面赋予其统治、从属关系的意义,那也只是日本方面的自夸。如后述,日渤交流时期,日本方面的要求,出自日本统治阶层的中华意识,渤海方面将它替换为舅甥关系,并试图使渤海居上。

〔2〕上引鸟山喜一著作第 241 页。

〔3〕卢泰敦《论日本致渤海国书中的〈高丽旧记〉——其实际情况和古代高句丽同日本的关系》,原载《边太燮博士花甲纪念史学论丛》,汉城,三英社,1985 年;翻译刊载于《亚洲公论》15 - 12,1986 年。

"高武"（如果这是正确的,那就是指荣留王建武,618—642 年在位）,此据新日本古典文学大系本。因为在高句丽全盛时代也不存在"义若君臣"的时期,所以,这句话不过表现了与渤海交流时期日本统治阶层出自中华思想的愿望而已。这在与高句丽傀儡政权的交流中即使存在,也无法确认其年代,所以伪称为高句丽全盛时期。我认为,当时与渤海交流的日本统治者仿佛对此深信不疑。

在《续日本纪》的记载中,有一段时期,日本统治阶层称渤海王为"高丽王",并向渤海提出此要求,而渤海当局也予以接受。不少学者对此说也照样采纳。《续日本纪》"天平宝字三年（759）正月"条以后的记载中,可见到"高丽番客"等朝贺,"高丽使杨承庆"奏称:"高丽国王大钦茂言……"以及天皇致书"高丽王"称:"天皇敬问高丽王……"但是,在前年"九月丁亥"条里,记作"小野朝臣田守等,至自渤海,渤海大使辅国将军行木底州刺史兼兵署少正开国公杨承庆已下廿三人,随田守来朝";"十二月壬戌"条作:"渤海使杨承庆等入京。"

关于下一次的渤海使高南申（第五次使节）,《续日本纪》"天平宝字三年十月辛亥"条记载:"迎藤原河清使判官内藏忌寸全成,自渤海却回,海中遭风,漂着对马。渤海使辅国大将军兼将军玄菟州刺史兼押衙官开国公高南申,相随来朝。"此作渤海使,但同年"十二月辛亥"条却记作:"高丽使高南申,我判官内藏忌寸全成等,到着难波江口。"又变成高丽使。然而,转眼之间,同书"天平宝字四年正月丁卯"条又记作:"渤海国使高南申等,贡方物。"而紧接其后记载的天皇诏却说:"高丽王差南申令赍河清表文入朝。"同月"己巳"条还记载:"高野天皇及帝,御阁门,五位已上及高丽使依仪陈列。诏授高丽国大使高南申正三位……"似乎都作为高丽使,然而,"二月辛亥"条又作:"是日,渤海使高南申等归蕃。"

下一次渤海使王新福（第六次使节）,《续日本纪》"天平宝字六年（762）十月丙午朔"条记载:"正六位上伊吉连益麻吕等,至自渤海。其国使紫绶大夫行政堂左允开国男王新福已下廿三人,相随来朝。"但在同年"闰十二月癸巳"条却作:"高丽使王新福等入京。"此后,在翌年正月贡纳、授官位、奏言,以及二月归国记载中,都记作"高丽使"或"高丽大使";使团全体成员被称作"高丽客"或"蕃客"。此外,《续日本纪》"天平宝字六年十一月乙亥朔"条记载:"以正六位上借绯多治比真人小耳,为送高丽人使。"

再下一次的渤海使壹万福(第七次使节),在记录其行程时,都作"渤海国使",或为"渤海使"、"渤海王使者"等,然而,《续日本纪》"宝龟三年(772)二月癸卯"条所录天皇书却称:"天皇敬问高丽国王。"这就是前面引录的所谓高丽全盛时代与日本"亲如兄弟,义若君臣"的国书的开头部分。

第九次渤海使史都蒙一行,在宝龟七年十二月即将抵达日本前夕遭遇风暴,大部分遇难。《续日本纪》"宝龟九年(778)四月丙午"条记载:"宝龟七年,高丽使卌人,溺死漂着越前国江沼、加贺二郡。至是,仰当国令加葬埋焉。"而同书同年"十二月己丑"条记载,为送第十次渤海使张仙寿回国,"以正六位上大纲公广道为送高丽客氏"。

以上列举的是《续日本纪》的记载。平城宫出土木简也记载:"依遣高丽使回来天平宝字二年十月廿八日进二阶叙。"(意思为:"遣高丽使者归来,天平宝字二年十月廿八日,晋升二阶叙官位。"此条相当于《续日本纪》"天平宝字二年十月丁卯"条"授遣渤海大使从五位下小野朝臣田守从五位上,副使正六位下高桥朝臣老麻吕从五位下"的记载。)[1]由此可知,当时日本方面确实将渤海称为高丽。但是,说渤海方面自称"高丽",却没有证据。第四次使节杨承庆所谓"高丽国王大钦茂言"的上奏,并非渤海送来的文书,因此,可能是渤海使者为了迎合日本而作的发言,或者是记录者乃至《续日本纪》编者所作的修改。

764年(天平宝字八年)七月,来自新罗的使者承唐朝敕使韩朝彩之旨意,询问自唐朝回国的僧戒融是否平安。为此,大宰府承中央乾政官(太政官)之符,给新罗执事部送去牒,答复道:"[戒融]以去年十月,

〔1〕参阅前引铃木靖民《奈良时代的对外意识——〈续日本纪〉朝鲜记事研讨》,石井正敏《论日渤交往中渤海的高句丽继承国意识》。

从高丽国,还归圣朝。"(《续日本纪》"天平宝字八年七月甲寅"条)[1]给新罗的文书也使用"高丽国"称呼,或许表明此称呼在日本官员之间相当普及,此称谓虽然用于对渤海,但新罗方面是否予以理解,令人置疑。或许这部分的文字已经过修改?

上面我们叙述了日本将渤海视为高句丽的后身,送达要求向日本臣服的强硬国书,以及称渤海为高丽这两点。值得注意的是,这两者出现的时期不同。态度强硬的国书是在752年(天平胜宝四年)和772年(宝龟三年)发出的,其要求并没有一直坚持下去,其间穿插了使用"高丽"称呼的时期。"高丽"称号频繁出现于758年(天平宝字二年)到762年(天平宝字六年)之间,以后,一般又都使用"渤海"称谓,"高丽"仅零星残存于文书中。其频繁使用的时期正好是藤原仲麻吕当政,特别是同策划征伐新罗的时期相重叠。[2] 是否因此而想起被新罗灭亡而欲向新罗复仇的国名来?毕竟高丽国名曾经是同新罗并立的。或者是从曾经与高句丽有过同盟关系的错误记忆中,当政者想利用其来筹划同渤海结成同盟?[3] 由于我对日本内部的情况缺乏了解,所以难作准确的判断。对于想同渤海发展友好关系的藤原仲麻吕而言,改变强硬态度是自然而然的。他失败后不久,772年日本给渤海使的国书,又再持强硬态度,并延续了一段时期。

我们再来看看渤海的情况。日本称渤海为高丽之际,适逢其鼎盛的大钦茂(文王)时代,762年(唐宝应元年),唐朝首次进封他为渤海国王,渤海的国家意识大为高昂。在这种气氛下,即使日本要求其使用"高丽"国名,渤海也不会轻易答应。

---

〔1〕关于唐使韩朝彩的派遣和僧戒融回国时的国际形势,参阅丸山裕美子《论唐国敕使韩朝彩》(《续日本纪研究》290,1994年),滨田耕策《围绕留学僧戒融回日本的渤海与新罗关系》(佐伯有清先生古稀纪念会编《日本古代的传承与东亚》,吉川弘文馆,1995年)。

〔2〕一般认为,策划征伐新罗在天平宝字三年(759)到天平宝字六年期间内。据上引酒寄雅志《八世纪的日本外交与东亚情势——以同渤海的关系为中心》和《藤原仲麻吕政权和征伐新罗计划》(《韩国文化》8-1,1986年),早自天平宝字元年起,日本统治者就觉得有必要征伐新罗。

〔3〕只有菅泽庸子的《古代日本残存的高丽印象——从渤海和背奈王氏来考察》(《史窗》47,1990年)一文,指出了"高丽"称呼同藤原仲麻吕征伐新罗计划的关系,曾经有过同盟关系的高丽称呼,有助于缔结日渤军事同盟。

此后,渤海进入同日本关系特别融洽的大崇璘时代,798年(延历十七年)十二月,渤海使大昌泰带来的启称:"慕化之勤,可寻踪于高氏。"(《类聚国史·渤海》"延历十七年十二月壬寅"条)对日本方面的中华意识颇为奉承。崇璘时代,国人阶层的势力渐长,王权比较衰落,这也影响到外交政策[1]。另一方面,日本以不辞断绝往来,对渤海的贸易要求施加压力。崇璘的启,反映了当时这种内外形势[2]。

关于渤海的王启、渤海使的奏言、渤海中台省的牒等,以及两国的军事协作、围绕经济交流而进行的情报交换,特别是使者往来期间的交涉、转告"安史之乱"等中国的情报,还有前面涉及的入唐使、入唐僧的中介等,问题甚多,研究不少。这里仅就两国间国书形式的意义,以及高句丽继承国意识,因与几位先学观点不同,故而略述己见。

---

〔1〕酒寄雅志《渤海国家的历史发展与国际关系》(《朝鲜史研究会论文集》16,1979年),宋基豪著、浅井良纯译《日本、渤海国书所反映的内部动荡时期的渤海社会》(《朝鲜学报》159,1996年),推测从文王(钦茂)末年到元义、华玙、崇璘时期,国人阶层势力抬头,而王权趋于衰落。鸟山喜一《渤海史考》(东京奉公会,1915年;原书房,1977年)第52—54页,介绍钦茂死后的史料,推测上述时期直至崇璘即位。

〔2〕石井正敏《光仁、桓武朝的日本与渤海》(佐伯有清先生古稀纪念会编《日本古代的传承与东亚》,吉川弘文馆,1995年),指出了桓武朝对渤海的强硬态度。

下篇 东亚世界的人口流动与制度文化的传播

5 魏晋时期的人口流动
—— 日本的外国移民问题的背景

5.1 中国的人口迁徙

日本古代的"归化人"、"渡来人"（均指外国移民——译者）问题，一直属于"国史研究"的范畴，从"东亚各国共性的水准"加以把握者，有李成市先生的论文。李先生认为，在朝鲜三国王权兴起的过程中，扶余人、汉人等外来人员起了很大的作用。[1]"归化人"、"渡来人"由朝鲜半岛迁徙到日本，概无异议，日本多数研究者追其出身于朝鲜族或汉族，这点又同韩国、北朝鲜的民族史观相吻合。对此，中国的韩昇先生阐明从中国有大量的汉人流入朝鲜半岛，因此主张迁徙到日本的移民是"朝鲜汉人"同当地周围的朝鲜人组成的混合集团。[2] 我无意立即支持韩昇先生的新说，然而，汉人流入朝鲜半岛是事实，把"渡来人"问题的视角局限于朝鲜半岛，将无法从广阔的国际视野去理解构成此问题背景的移民、流民及难民等现象。

藤间生大先生曾经指出，此时代，构成中国、朝鲜和日本各国共同发展的基础，是生产力的发展，特别是各国的手工业者，对此发展颇作贡献，而在日本，这些人便是外国移民，由于他们的存在，人们还获得了佛教信仰的自由。[3] 最近，川本芳昭先生指出，日本的"部"制度不仅受到朝鲜各国的影响，而且还可在五胡各国中见到实行，由此推论，此

---

〔1〕李成市《东亚各国与人口移动》，收入新版古代日本2《从亚洲看日本》，角川书店，1992年；再收于其著《古代东亚的民族与国家》，岩波书店，1998年。
〔2〕韩昇《日本古代的大陆移民研究》，台北，文津出版社，1995年。
〔3〕藤间生大《五、六世纪的东亚与日本》，收入其著《东亚世界的形成》，春秋社，1966年。

制度是由外来移民传入朝鲜和日本的。[1]

中国的人口移动,国家将它作为徙民问题,或民众的流亡现象,很早就已经发生。对日本而言,不容否认从原始时代以来就出现了来自大陆的移民。然而,整个东亚都被这个问题所激荡而相互影响,则是在中国东汉末到魏晋时代,特别是五胡(匈奴、羯、鲜卑、羌、氐等五族)崛起与十六国建国时期。这时期的朝鲜地区,高句丽灭亡了中国的乐浪和带方二郡,据有半岛北部;在半岛南部,则出现了百济和新罗,从而形成三国鼎立的局面。迁徙到日本的"汉氏"和"秦氏",其迁徙的传说固然不能全然相信,但是,以此时期作为集团性移民的背景,则是妥当的。[2] 本章不拟直接研究日本,而打算从中国和朝鲜的形势,对此背景进行研讨。而且,由于人口移动的形态和作用,和日本的外国移民的情况有相似之处,故也想对此进行探索。

关于此时期中国的人口移动,有相当多的研究和介绍,在此基础上,这里想先概观其迁徙的情况。有些见解把五胡各族向中国的流徙,与日耳曼民族向罗马的移动相提并论,就异族对古典帝国的冲击而言,确实有相似之处。然而,五胡各族并不像日耳曼民族那样从外部侵入,除部分鲜卑外,他们中的大部分早就开始逐渐地向中国内地迁移。因此,称其迁徙为"潜入"[3],或"潜居"[4],恰中鹄的。诚然,日耳曼人的一部分也是作为佣兵迁入罗马帝国的,但他们[的迁入]属于脱离本民族的个人迁徙行为。与此相比较,匈奴(南匈奴)族则是整个民族集团成为东汉王朝的佣兵。

公元 48 年,也就是东汉初期,匈奴南北分裂。南匈奴日逐王比在前一年内通东汉,沿袭祖父的名字,称呼韩邪单于。其祖父呼韩邪单于

---

[1]川本芳昭《五胡的中华意识的形成与"部"制的传播》,载《古代文化》50－9,1998 年。

[2]移民迁徙入日本的时期,弥生时代且当别论,5 世纪以后的情况(上田正昭《归化人》,中公新书,1965 年,第 23 页以下),或许和中国五胡诸国、高句丽的人口流动在时间上有所不同,然而,从经由朝鲜南部的地理缘由来看,它不构成否认东亚的相互关联和一体性的材料。

[3]野原四郎《中国史研究的新方向——论魏复古博士最近的业绩》,载《历史评论》9,1947年。

[4]田村实造《中国史上的民族移动期》,创文社,1985 年。田村先生将五胡的"潜居"也作为世界史上民族迁徙的事例。

是西汉初内附的单于,至其孙比也投降东汉,故沿袭祖名以表示臣服。比的投降,并非个人行为。因为他是受"南边八部大人"的推举而当上单于的,故而获得南匈奴集团的支持。对匈奴而言,或许想得到汉王朝的支援以掌握草原的霸权。但是,由于他们并没有这样的实力,所以只能迁徙到中国北部的郡县之内,为汉朝守卫领土。

到东汉末年,匈奴从山西中部向南部大量南下。曹操把他们重新编为五部,试图分而治之[1],但他们并没有完全分裂。西晋时代,原单于后裔刘渊被任命为五部大都督,或者督五部军事。他乘西晋"八王之乱"的混乱时机,自立为大单于,304 年称汉王,308 年称皇帝,以山西南部的平阳为都,立志建构中国式的国家。后来,其国演变为前赵。此为五胡崛起建立民族国家之滥觞[2]。

在此稍前,大概在 299 年左右,西晋官人江统撰写了《徙戎论》,说道:"西北诸郡,皆为戎居","且关中(今以西安为中心的陕西地区)之人,百余万口,率其少多,戎狄居半",警告说存在着他们背叛作乱的危险,主张将深入于中国内地的外族人迁回其原来的居住地[3]。这里被称为"戎"、"戎狄"者,主要指羌族和氐族。羌族原为青海草原上的游牧民族,从西汉时期开始侵入甘肃。东汉政府将他们击破,迁徙到甘肃和陕西(关中),课以徭役和兵役,因而引起他们不断造反,兵锋甚至及于东方的山西。他们构成了东汉末董卓军队的核心。

氐族原先居住在四川、陕西、甘肃边境,编入汉朝的郡县内,曹操以后,也就是在魏晋时代,他们移居于关中。同样由于不堪赋役重压,他们起而反抗,不久实现了各支势力的联合,在 299 年爆发由齐万年领导的大规模反抗。江统的《徙戎论》就是在这场反抗爆发后不久提出来的,助长民族间的反感是否有利于维持安定固然是个问题,但他提出的

---

〔1〕町田隆吉《论二、三世纪的南匈奴》(《社会文化史学》17,1979 年)认为,南匈奴分为五部,是西晋时代的事。兹取通说。

〔2〕关于南匈奴的历史,参阅内田吟风《关于南匈奴的研究》,收入其著《北亚史研究·匈奴篇》,同朋舍,1975 年;黄烈《南匈奴的变化和消失》,收入其著《中国古代民族史研究》,北京,人民出版社,1987 年。

〔3〕黄烈《〈徙戎论〉与汉中氐羌和并州匈奴》,收入上引其著作中。

时期已经太晚而缺乏现实可行性。齐万年的反抗被镇压之后,关中的流民大量涌入四川,他们拥立李氏攻陷成都,于 304 年称成都王,306年即帝位,国号称作"成"(成汉)。此后,氐族还建立了五胡各国中最大的、由苻坚领导的前秦国。

五胡中称为"羯"的民族,原附庸于匈奴,似乎出自中亚。后来产生了建立后赵国家的人物石勒。前面介绍的匈奴、羌和氐,也都居住在中国的郡县内,保存其部族组织,由各自的首领统率,和汉人"杂居"。然而,由于长年居住在中国,故其部族组织逐渐松弛,处于部族成员分别被汉族地主作为农奴驱使的状态。石勒虽然出自部族首领之家,但他必须和部民一起到洛阳经商以维持生计,因而被汉族官僚掠卖到山东地主家里当奴隶,成为牧童,后来又落草为盗。刘渊起兵时,他驰往参加,后来取代刘氏建立后赵。

鲜卑在 2 世纪中期居于中国北方边外,由檀石槐实现统一。其崩溃在东汉末年,此后轲比能强大起来。他获得因中国内乱而逃亡的汉人的援助,成为后来的五胡十六国利用外来流亡汉人的先例。然而,这股势力最终也归于瓦解,而檀石槐时代的鲜卑东部大人宇文氏、中部大人慕容氏和西部大人拓跋氏等纷纷崛起,活跃于历史舞台。但是,他们受到此前已经建立国家的匈奴和羯族的阻碍,难于进入中国的中心区域。慕容氏首先在东北建国,并抑制住宇文氏,据有辽东和辽西,在337 年称燕王,后赵崩溃后,总算进入华北。拓跋氏进入中国还要迟,但他们建立起北魏,完成了统一五胡十六国的任务。

如上所述,五胡各族也是强制的或者自发的移民。我们介绍了五胡十六国初期的形势,其实,这些政权都不安定,特别是在初期,他们卷入了以华北和四川为中心的流民暴动的风暴中。据推测,当时流民的数量达到西晋总户数的 1/5,总人口数的 1/8。[1] 另一个统计认为达到总户数的 1/12 强,在华北和四川等地则为 1/2 弱。[2]

---

〔1〕刘三黎《晋惠帝时代汉族之大流徙》,《禹贡半月刊》4 – 11,1936。

〔2〕王仲荦《魏晋南北朝史》,上海人民出版社,1979 年,上册第 223 页。

上述随氐人自关中进入四川的人口,不光是氐人,还包括十余万的汉人。统率他们的是此前自四川迁入关中的巴氐(也称作賨人)头领,以及陕西、甘肃交界地区的汉人地主[1]。如后述,此时期众多的流民接受各地强有力者的领导。当然,在其周围,还有许多从各地前来投奔的民众。这些民众由于受到四川的地主和官吏的压迫,在301年,拥立李特,起来战斗。李特与当地的地主为敌而被杀,其子李雄攻陷成都,如前述在306年建立成国(成汉)。

在四川发生上述流民反抗时,西晋政府征发荆州(湖北)称作"武勇"的军队前往镇压,结果诱发了"武勇"的叛乱。出自该地区少数民族且当过县吏的张昌等人,率领这些士兵和流民,攻掠河南、湖北、湖南、江苏等广大地区,最后被西晋将军陶侃击破(304年)。

关中的流民除了进入四川外,还有一部沿汉水流入河南。他们反抗要其返乡的命令,在王如、庞寔、严嶷、侯脱等豪强的率领下结聚而起。这些头领大多统率其自关中以来的部众,相互对立,一部分投降刘渊、石勒,一部分被石勒所杀,残部归降于晋朝将军王敦(312年)。

李特等进入四川作战时,许多百姓却从四川顺着长江流徙到湖北和湖南。他们和当地土著地主及官吏反目,经常发生暴动。率领出川流民的头目们拥立出自名门、被称作"益州(成都)秀才(官吏候补者)"的杜弢为首领,4年之间,转战湖南、江西各地,后被王敦、陶侃所镇压(315年)。

河北地区的流民领袖是王弥。他出生于山东的地方官家庭,参加过道教徒刘伯根的叛乱,在刘伯根死后,成为首领,率众寇掠山东、河南,形成进逼洛阳的态势,后被晋兵打败,归于旧友刘渊麾下。但他和刘渊部下刘曜及石勒不和,因而被杀。汉人流民领袖同胡族武将之间,原本在思想和行动上就不一致。(以上参阅《晋书》卷100,及各人本传)[2]

---

〔1〕唐长孺《晋代北境各族"变乱"的性质及五胡政权在中国的统治》,收入其著《魏晋南北朝史论丛》,北京,三联书店,1955年。

〔2〕上引王仲荦著作第222页。

此外,在黄河流域还存在"乞活"集团。山西发生饥馑的时候,并州(山西)刺史司马腾转镇邺(河南安阳市),都督诸军事,率领"乞活"转战河北、河南,抵抗石勒。其早期领袖陈午有"勿事胡"的遗言。石赵政权末期,他们曾协助冉闵消灭胡人,成为汉族反胡阵线的一翼。东晋末刘裕(宋武帝)北伐时,还有"并州乞活一千余户"(《宋书·王镇恶传》)拥立司马氏族人活跃于洛阳附近。这个集团离开并州后,存在了一百多年。[1]

以上是转战于华北中心区域的流民。汉人当中,为逃避中心区域的战乱而向南方、东北和西北边境地方迁徙的集团很多。其中,因为东晋王朝重建于江南,所以南下投靠于其政权之下的汉人最多,他们开辟新天地,创造出不同于华北的另外一个中国世界。由此产生的江南开发、六朝文化、北人和南人的对立等问题,研究积累颇厚。和本章有关者,有难民的组织及其固定下来的形态,及其同边疆政权的关系与作用等问题,兹另节论述。

5.2　向朝鲜半岛的移民

关于逃往中国边境的汉族移民的情况,我们将在下节论述。与东北接壤的朝鲜半岛,自古就有许多汉人前来定居,据说战国时代的燕国统治真番和朝鲜,汉朝初年,燕国逃亡者卫满建立了卫氏朝鲜,定都于后来的乐浪附近(《史记·朝鲜列传》)。当时的朝鲜王侯准逃往南方韩族地区,自称韩王,其血脉断绝后,韩族仍祭祀他。到了东汉时代,朝鲜宰相流亡辰韩时,见到 1500 个成为韩族奴隶的汉人,并与之交谈(《三国志·魏志·韩传》本文的注释)。

---

〔1〕周一良《乞活考——西晋东晋间流民史之一页》,收入其著《魏晋南北朝史论集》,北京,中华书局,1963 年。王仲荦上引著作第 249、254 页注 9。

在此之前,汉武帝取代卫氏朝鲜,设置乐浪等郡县;东汉末,辽东的公孙氏设带方郡,中国王朝直接统治朝鲜。因此,汉族官僚成为主要的移居者,推测当地也与中国本土进行交易。[1] 如后述,即使到了高句丽时代,居住于旧乐浪郡的汉人仍起着重要的作用。

高句丽从公元前后起在今日中国东北东部建立国家,4世纪,乘中国本土混乱之机,灭乐浪、带方郡,而同崛起于南方的百济、新罗对峙。通观高句丽历史,其领土与汉族国家以及在中国建国的胡族国家相邻,因此,其境内有强制性的和自发的汉族移民。在《三国史记·高句丽本纪》中,这种记载频繁出现,不胜枚举。

例如,高句丽建国初期,经常同汉朝辽东郡等边境诸郡发生战斗,其中一条记载说:

> 六十九年春,汉幽州刺史冯焕、玄菟太守姚光、辽东太守蔡讽等将兵来侵,击杀秽貊渠帅,尽获兵马、财物。王乃遣弟遂成,领兵二千余人,逆焕、光等。遂成遣使诈降,焕等信之。遂成因据险以遮大军,潜遣三千人攻玄菟、辽东二郡,焚其城郭,杀获二千余人。
>
> (《三国史记·高句丽本纪》"太祖大王六十九年"条)

这些俘虏应都留居于高句丽国内。

东汉末,中国发生的动乱直接影响到日本和朝鲜,史书记载:"桓、灵间,倭国大乱,更相攻伐,历年无主"(《后汉书·倭传》),"桓、灵之末,韩濊强盛,郡县不能制,民多流入韩国"(《三国志·魏志·韩传》)。在倭国,争斗的结果是拥立卑弥呼,而在韩国,则是乐浪、带方郡的控制力下降,众多的流民流入其间。这些主要是朝鲜半岛内部的流民,在高句丽,则是"中国大乱,汉人避乱来投者甚多。是汉献帝建安二年也"(《三国史记·高句丽本纪》"故国川王十九年"条)。

迁往高句丽的移民,应该也包含东北各族。此后不久,"十一年(280)冬十月,肃慎来侵,屠害边民。……王于是遣达贾往伐之。达贾

---

〔1〕三上次男《古代南朝鲜的汉族居民及其历史作用》,收入其著《古代东北亚史研究》,吉川弘文馆,1966年。

·欧·亚·历·史·文·化·文·库·

出奇掩袭,拔檀卢城,杀酋长,迁六百余家于扶余南乌川,降部落六七所,以为附庸"(《三国史记·高句丽本纪》"西川王十一年"条)。这里的"肃慎",大概是东北各族的总称。[1] 其部落(部族)被强制迁徙。

到了 4 世纪,高句丽南下灭乐浪郡,"三年(302)秋九月,王率兵三万,侵玄菟郡,虏获八千人,移之平壤"(《三国史记·高句丽本纪》"美川王三年"条);"十四年(313)冬十月,侵乐浪郡,虏获男女二千余口"(《三国史记·高句丽本纪》"美川王十四年"条)。后一条表明是掳掠乐浪郡,而前一条则是准备向乐浪郡迁徙人口。

不久,高句丽和辽西崛起的慕容氏(前燕)激烈争战,在此过程中,又有许多人流入高句丽。其最早的记载是晋平州刺史崔毖的逃亡。平州地域包括辽东和辽西,崔毖联合高句丽、段氏和宇文氏进攻慕容廆,失败后,率数十骑逃往高句丽(319 年,事见《晋书·慕容廆载记》,同书《元帝纪》"太兴二年十二月"条,《三国史记·高句丽本纪》"美川王二十年"条)。

慕容廆之后即位的慕容皝,与兄弟反目,特别是与其弟慕容仁斗争激烈。慕容皝的司马佟寿叛归慕容仁,慕容仁失败后,他流亡高句丽(336 年,《资治通鉴》卷 95"晋成帝咸和八年闰月"至"咸康二年正月"条)。《资治通鉴》把佟寿记作"辽东佟寿",其实他不是鲜卑人,而是汉人,这可以从 1949 年安岳三号坟发现的墓志得到确认。此坟墓的墓主是佟寿,墓志记载:

> 永和十三年(357)十月戊子朔廿六日癸丑,使持节、都督诸军事、平东将军、护抚夷校尉、乐浪[相]、昌黎玄菟带方太守、都乡侯、幽州辽东[郡]平郭[县]都乡敬上里佟寿,字□安,年六十九,薨官。

上面罗列的官名都源于中国,而为高句丽和慕容燕等国沿用,并不奇怪。当然,辽西的昌黎郡不在高句丽境内,属于虚号。但是,幽州以下的出生地,按照州、郡、县、乡、里的顺序书写,无疑是中国的行政区

---

〔1〕井上秀雄译注《三国史记》2,平凡社东洋文库,第 118 页注 37。

划。"都乡"为县治所在的乡,是中国特色的名称。辽东郡自汉代以来一直是中国统治东北地区的机构,因此,许多汉人的籍贯出自这里,不足为奇。[1]

佟寿逃亡后不久,高句丽都城丸都城就被慕容燕占领(342),而接受其册封(352)。但是,高句丽早就向东晋朝贡,上述佟寿墓志中的"永和"就是东晋的年号。慕容氏的前燕灭亡(370)后,高句丽向前秦和后燕朝贡,大概在这个时期,再度出现汉族移民的情况。这次移民,可以从1976年发掘的德兴里古坟墓志得知。此墓志的前半仍为墓主的出生地、履历与埋葬时间等的记述。

　　□□郡信都县都乡中甘里,释加文佛弟子□□氏镇,仕位建威
　将军、国小大兄、左将军、龙骧将军、辽东太守、使持节、东夷校尉、
　幽州刺史。镇年七十七薨焉,以永乐十八年(408)太岁在戊申十
　二月辛酉朔廿五日乙酉,成迁移玉柩。

此墓主的姓已经无法判读,只知道他的名字为"镇"。据研究,镇的出生地信都县是中国河北冀州安平郡的属县。[2]"永乐"是有名的广开土王以独立的意志所建的年号。关于墓主的官职,武田幸男认为,建威将军和辽东太守为流亡前的旧职,其他的则为流亡后的自封,后一种官职适用于汉族的移民社会。[3] 如果此说成立,则前述佟寿的官职应该也属于这种情况。这些古坟都没有记载其流亡的情况,因为是墓主个人的坟墓,所以只记载个人的事迹。但是,同前述崔毖的情况相同,墓主至少是与其部下一道集团性逃亡的。

上面说过,佟寿、某镇的官称,适用于汉族移民社会。在以平壤为中心的朝鲜半岛西北部,发现了相当数量有纪年铭的墓砖。它们由王、孙、张、韩、佟等姓的人士所制作,都使用东晋的年号。因此,他们是土

〔1〕宿白《朝鲜安岳所发现的冬寿墓》,载《文物参考资料》1952-1。冈崎敬《安岳三号墓(冬寿墓)的研究》,《史渊》93,1964年。
〔2〕田中俊明《论德兴里壁画古坟的墨书铭》,载《朝鲜史研究会会报》59,1980年。佐伯有清《德兴里高句丽壁画古坟的墓志》,载佐伯有清编《日本古代中世史论考》,吉川弘文馆,1987年;收入其著《古代东亚金石文论考》,吉川弘文馆,1995年。
〔3〕武田幸男《德兴里壁画古坟被葬者的出身与经历》,《朝鲜学报》130,1989。

著的汉人豪族[1]，强烈向往地处江南的东晋王朝。佟寿的墓志不用前燕的年号，而使用东晋的年号，流露出以东晋为正统的心情。[2] 有的研究推测，直到长寿王迁都平壤，这一带实行着汉族移民的自治。[3]

关于汉族移民，强调其独立性是一个方面，同时，我们也不能不探讨他们对高句丽王权的贡献。对此进行研究的是李成市先生，但如他所言，要探明这点的头绪很少。他以百济王余庆（盖卤王）给北魏的上表文为例，表文中百济王说："自冯氏数终，余烬奔窜，丑类（高句丽）渐盛，遂见陵逼……"（《魏书·百济传》）亦即自北燕灭亡后，从燕迁往高句丽的流民，对高句丽压迫百济起到很大的作用，从这个事例可以窥见，"因华北战乱而东奔的人士，在高句丽起了很大作用"[4]。佟寿曾为"乐浪相"，与高句丽王获得前燕册封的"乐浪公"相对应，可知其地位之高。某镇获得高句丽"国小大兄"的官位，属于高句丽第七等官位。[5]

某镇具有高句丽的传统官职。佟寿的墓志使用东晋年号，但某镇的墓志却用高句丽的年号。武田幸男先生认为，这表明高句丽对汉人社会的政治控制取得了进展，而汉人归附于高句丽的意识也在加强，某镇死后 20 年，高句丽把王都迁到平壤。[6] 平壤是汉人移民社会的中心地，因此，完全可以想象，迁都之后，高句丽国家不能没有汉人的协助。[7]

这时期，不限于上述军将，一般的流民也涌入高句丽境内，只是因其地位而少见记载。但是，在 385 年，高句丽和慕容燕爆发争夺辽东、玄菟两郡的战争，留下了被卷入这场战争的流民和俘虏的记载：

> 二年（385）夏六月，王出兵四万袭辽东。……遂陷辽东、玄

[1] 三上次男《乐浪社会的统治结构》，收于前引《东北亚史研究》。
[2] 武田幸男《高句丽史与东亚》第 85－92 页，岩波书店，1989 年。
[3] 上引冈崎敬论文。
[4] 上引李成市论文。
[5] 上引武田幸男论文。
[6] 上引武田幸男论文。
[7] 上引武田幸男著作第 84 页列举了 6 个 4—5 世纪汉人迁往高句丽的例子。这些虽然可以说明汉人的迁入颇多，但在其中包含 4 个被送还或被杀害的例子，文中未述及。

菟,虏男女一万口而还。冬十一月,燕慕容农将兵来侵,复辽东、玄
菟二郡。初,幽、冀流民多来投,农以范阳庞渊为辽东太守,招抚
之。(《三国史记·高句丽本纪》"故国壤王二年"条)
中国北部的百姓为避中国战乱而流入高句丽逃难。由于高句丽占有辽
东以东,故南迁至朝鲜半岛者较少。因此,慕容氏的进攻,又使得一部
分人归于慕容氏治下。

以上是与高句丽国境相连的中国北部、东北部的流民和逃难者。
从中国进入朝鲜的途径,还有取山东半岛海路者,在后世的唐代,此海
路的往来十分频繁(参阅第七章),但这时期有关流民和逃难者的记载
非常少。韩昇先生列举了汉代乐浪郡王氏的例子。[1] 此王氏似乎出
自六朝时代著名的琅邪(山东)王氏。其祖先王仲为避济北王兴居反
叛,"乃浮海东奔乐浪山中,因而家焉"。济北王之乱似发生在汉文帝时
代(《汉书·诸侯王表》),当在设置乐浪郡之前。到其八世孙王景时,
已被称为:"乐浪誹邯人也。"(《后汉书·循吏·王景传》)

东汉末,在辽东的公孙氏据有朝鲜半岛,曹魏讨平之,夺回其地。
此事见于《三国志·魏志·韩传》记载:"明帝密遣带方太守刘昕、乐浪
太守鲜于嗣,越海定二郡。"讨伐公孙氏的主力由司马懿统率,从陆路
进军辽东,而其别部则从山东渡黄海出击。公孙氏灭后不久,倭王卑弥
呼派遣使者从带方郡赴洛阳,虽然缺乏记载,但岸俊男先生推测,他们
或许是渡海自山东登陆[2]。

此后,百济和高句丽向东晋及南朝朝贡。关于百济的情况,《三国
史记·百济本纪·近仇首王纪》记载:"五年(379)春三月,遣使朝晋。
其使海上遇恶风,不达而还。"《宋书·百济国传》记载,宋元嘉二年
(425)给百济王的诏书褒奖道:"累叶忠顺,越海效诚。"不久之后,东城
王六年(484),"秋七月,遣内法佐平沙若思如南齐朝贡。若思至西海
中,遇高句丽兵,不进"(《三国史记·百济本纪·东城王纪》)。据此,

---

〔1〕前引韩昇著作第 142 页。
〔2〕岸俊男《到"吴、唐"的人们》,日本的古代 3《越海交流》,中央公论社,1986 年。

则百济和高句丽或许都是穿越黄海或东海而抵达东晋或南朝的。著名的倭国武王上表文说："道迳百济,装治船舫。而句丽无道,图欲见吞,掠抄边隶,虔刘不已。每致稽滞,以失良风。"(《宋书·倭国传》)倭国也同样途经百济从海路前往中国,因此经常受到高句丽的阻扰而坐失良风,由此可知高句丽在海上的活跃。

百济也想向北朝朝贡,但同样由于高句丽的阻碍而没有成功。472年,北魏献文帝[1]听取百济的控诉,派遣使者邵安由陆路前往百济,但遭到高句丽的阻拦。故其后"使安等从东莱浮海,赐余庆玺书,褒其诚节。安等至海滨,遇风飘荡,竟不达而还"(《魏书·百济国传》)。百济与北朝之间有陆路和海路可通,陆路为高句丽所垄断,海路以山东半岛为登陆或出发点。

以上所述都是失败的例子,也正因为如此,我们才得以了解其交通路线。毋庸多说,朝鲜三国频频向中国的南北朝朝贡,其使者的往来路线,大概如上介绍。当然,这是国家使节来往的线路,至于一般民众的情况则几乎无法得知。在没有商船往来的此时代,从海路突然登陆大概是很困难的。

《日本书纪》"应神三十七年"条记载,倭国派遣阿知使主和都加使主到吴国求缝工女,其时,阿知使主首先到高句丽,由高句丽派向导伴随前往吴国。在朝鲜、中国等各国对立的时代,此记载实不多见,也许因为是倭国使者,所以才有此可能。就朝鲜而言,三国和倭国之间,反反复复地处于和战之间,故不能否定他们之间有使者或民众的来往。《隋书》和《北史》的《百济传》记载:"其人杂,有新罗、高丽、倭等,亦有中国人",就是这种交往的结果。491年,"秋七月,民饥,亡入新罗者六百余家"(《三国史记·百济本纪》"东城王十三年"条),"六月,倭人大饥,来求食者千余人"(《三国史记·新罗本纪》"代休尼师今十年"条)。这些偶尔留存的记载,反映出新罗也有他国人情况的一鳞一片爪。

---

〔1〕《魏书》和《三国史记》都把北魏派遣使者一事系于472年。这一年虽在北魏孝文帝登基之后,但以上两书均记载为显祖献文帝派遣使者。

《续日本纪》"延历四年六月"条所收坂上苅田麻吕的上表称："阿智王奏请曰:臣旧居在于带方,人民男女皆有才艺。近者寓于百济、高丽之间。心怀犹豫,未知去就。伏愿天恩遣使追召之。"《坂上系图》引用的《姓氏录·逸文》也有相同的记载:"今闻遍在高丽、百济、新罗等国。"阿知使主是否来自中国,虽然不能确定,但其同乡、同族散在朝鲜各国,应是事实。

以上记载表明,在朝鲜南部有许多民族或氏族混杂居住,其中也有倭人。由此亦可想象,倭国也有来源复杂的各国移民。关于《日本书纪》所记载的此类例子,以往多有讨论,兹不赘述。

5.3　人口迁徙的形态和作用

前面,我们大致介绍了中国和朝鲜的人口迁徙,其中也多少谈到其迁徙的形态和作用等问题。本节拟用具体例子对此再作分析。

韩昇先生在其著作中,设《日本大陆移民集团与中国流民组织》一节,指出了两者之间的相似性。这里所谓的中国流民组织,指的是坞壁组织。"坞"可以说是地方上有势力者为自立而构建的防御设施。汉代的豪强平时就在集落附近和山中构建"坞",以备在万一时可聚集族人,应付动乱等事件。三国和五胡十六国乱世,这种坞壁分布在华北各地,耸立于要害之处。由于它原来是保卫地方的组织,所以有别于在各地迁徙的流民。构成坞壁集团中心的多为豪强,在五胡纷乱之际,许多流民也托避其下。从坞壁头领中,出现了被称作"流人坞主"的领袖。

五胡十六国初期,流人坞主张平拥有坞壁三百余处,胡人、晋人十余万户,成为一大势力。各个坞壁的头领为豪强或官吏,其下聚集的胡人、晋人多为流民,所以能达到十余万户之多。被称作"流人"者,未必都是破产或没落的贫民,有许多是在战乱中背井离乡逃避兵燹的民众。这些难民同样多为有势力者所统率而迁徙。他们边守边战,逐渐迁移,

欧·亚·历·史·文·化·文·库·

所以有不少时候难以分辨出坞主或流民。[1]

流徙的坞主的事例,如祖逖。祖逖出自范阳郡(今北京南方)的名门大族,经常散布帛以救济贫民,故深得乡里民望,大乱起时,他避难于南方的淮河流域,被众人推为"行主"。此集团进一步南下,到达长江岸边的丹徒县京口(今江苏镇江)。这里直到后来一直是从华北南下的各股势力的定居地,成为南朝军力之渊薮。祖逖集团从这里一再充当北伐先锋,消灭张平势力,基本收复黄河以南地区,将其纳入东晋版图。但是,当时东晋政府连利用此类集团的力量都不具备。因此,必须独立活动的流民集团,在许多方面需要依赖其头领的威望和能力。祖逖死后,其集团因为内讧而灭亡(《晋书·祖逖传》,同书《祖约传》)。

江南的东晋政权建立之后,非常多的华北流民、难民沿着长江流域南下。这些集团进入东晋领土后依然十分团结,定居于用自己故乡的名字命名的独自的郡县里。这种郡县称作侨郡和侨县。侨郡县的记载可见于《晋书·地理志》和《宋书·州郡志》等史乘,例如,《宋书·州郡志》"南徐州刺史"条记载:

> 晋永嘉大乱,幽、冀、青、并、兖州及徐州之淮北流民,相率过淮,亦有过江在晋陵郡界者。晋成帝咸和四年,司空郗鉴又徙流民之在淮南者于晋陵诸县,其徙过江南及留在江北者,并立侨郡县以司牧之。

在长江下游,有南兖州、南豫州和南青州等,原幽州、冀州等地的移民虽然未立州名,但也建立了属郡和属县。[2] 此外,还有南迁至长江中游的移民,他们的情况,可见于《宋书·州郡志》"雍州刺史"条:

> 雍州刺史,晋江左立。胡亡氐乱,雍、秦流民多南出樊、沔,晋孝武始于襄阳侨立雍州,并立侨郡县。

在东晋南朝,南下的北方人的户籍和原住民不同。原有的户籍称作"黄籍",北人的户籍称作"白籍",登记北方的原籍地,可以免除税和

---

〔1〕参阅堀敏一《中国古代的家与集落》,汲古书院,1996 年,第 304 – 321 页。

〔2〕前引王仲荦著作第 347 – 348 页。

徭役。这样做太不公平,在财政上也带来问题,所以,东晋南朝多次采取"土断"措施,取消白籍。[1] 越智重明先生认为,在一段时期实行这种制度,是因为从北方南下的贵族掌握了江南王朝的实权,所以实行优待北方人的措施。[2]

越智重明先生的见解是否正确,难以判断。但是,我们可以了解到,当时江南王朝的当政者和北来移民视北方为其原居住地,盼望何时能归故里。北来移民在江南政权中发挥重要作用,是确实的。他们当中,出自晋陵,特别是京口(北府)的人,组成了江南军事力量的核心,宋、齐、梁等王朝的创建者,都出自他们中间,特别是梁武帝当政时倚重襄阳集团,引人注目。[3] 江南政权为北人所控制这一点,与其他边疆政权或外族政权下的移民集团,情况不同。但是,此移民集团的迁徙、定居方式,可以作为研究其他地区移民集团时的参考。

陈寅恪先生将西晋末、五胡十六国初期华北人民的迁徙分为东北、西北和南方三个方向。[4] 在东北,吸收移民的是慕容廆建立的前燕政权。《晋书·慕容廆载记》记载:

> 时二京倾覆,幽冀沦陷,廆刑政修明,虚怀引纳,流亡士庶多襁负归之。廆乃立郡以统流人,冀州人为冀阳郡,豫州人为成周郡,青州人为营丘郡,并州人为唐国郡。于是推举贤才,委以庶政。

慕容廆受东晋册封的官号中,有"都督辽左杂夷、流人诸军事",当与统治这些流民有关。

从这条引文可以看出,前燕也和南方一样,按流民的乡里设立侨郡,它表明流民是按其乡里集团性迁徙的,大概由乡里的豪强或有威望者统率。慕容政权从各郡荐举贤才,委以重任。所以,在上引"于是推举贤才"之后,接着记载道:

> 以河东裴嶷、代郡鲁昌、北平阳耽为谋主,北海逄羡、广平游

〔1〕参阅万绳楠《论白籍、土断及其有关问题》,收于中国魏晋南北朝史学会编《魏晋南北朝史研究》,成都,四川省社会科学院出版社,1986年。

〔2〕越智重明《魏晋南朝的政治与社会》第197-198页。

〔3〕万绳楠整理《陈寅恪魏晋南北朝史讲演录》,合肥,黄山书社,1987年,第118-128页。

〔4〕上引万绳楠整理著作第114、128页。

遂、北平西方虔、渤海封抽、西河宋奭、河东裴开为肱股,渤海封弈、
平原宋该、安定皇甫岌、兰陵缪恺以文学才俊任居枢要,会稽朱左
军、太山胡毋冀、鲁国孔纂以旧德清重引为宾友,平原刘赞儒学该
通,引为东庠祭酒,其世子皝率国胄束脩受业焉。

看看谋主、肱股、枢要、宾友、祭酒的名单就可明了,由少数族建立的慕
容政权积极起用外来的汉族知识阶层人士来实施政治统治。而其基
础,便是汉人的郡的组织。

在《晋书·慕容廆载记》里,还有上面引文所未曾提及的人物高
瞻。他是渤海郡蓨县(山东)人,遭遇乱世,与父老商量并取得大家的
赞同,和叔父一起担任首领,率领数千家迁徙到幽州(北京地区)。因
为对当地政治失望,随崔毖转徙辽东。如上节介绍,崔毖流亡高句丽,
但他却归于慕容廆政权。后来,因宋该的谗言而自杀。如此例所示,取
得父老的支持,统率乡里集团,是难民的一般情况。

《魏书·高崇传》记载,高崇为渤海蓨人,故应与高瞻同族。其四
世祖高抚,"晋永嘉中,与兄顾避难奔于高丽",其迁往高丽,或与崔毖
流亡有关。但是,其父高潜却在辽东,所以,该族大概可以分为流亡高
丽的部分和留在辽东的部分。[1]

慕容廆之子慕容皝也在征服辽东时,"分徙辽东大姓于棘城(辽宁
义县),置和阳、武次、西乐三县而归"(《晋书·慕容皝载记》)。这里
所说的大姓,大多是从中原迁徙到辽东的汉人,慕容皝将他们所率领的
移民集团迁往都城附近,设置新的县。其后,"罢成周、冀阳、营丘等
郡。以渤海人为兴集县,河间人为宁集县,广平、魏郡人为兴平县,东
莱、北海人为育黎县,吴人为吴县,悉隶燕国"(《晋书·慕容皝载
记》)。由此可见,慕容皝似在尝试将郡制改编为县制,虽然县民出生
地的分类与前不同,但是,按照乡里组成却无变化。

慕容氏不仅接受流民,而且还对各地被征服的百姓实行强制性迁
徙(徙民)。慕容皝迁都龙城(辽宁朝阳市),用徙民来充实都城附近地

---

〔1〕参阅金发根《永嘉乱后北方的豪族》,台北,台湾商务印书馆,1964年,第119页。

区。他讨伐宇文氏时,"开地千余里,徙其部人五万余落于昌黎",试图通过他们开垦国都周围的土地。接着,他又实施以下政策:

> 以牧牛给贫家,田于苑中,公收其八,二分入私。有牛而无地者,亦田苑中,公收其七,三分入私。

这种借公田的政策,似乎有吸收著名的曹魏屯田制的成分,对此提出批评的记室参军封裕认为,魏晋制度下公私比例为六、四或五、五分成,尚觉得不合适,若取八分或七分,会使得百姓贫困化。

有关这项政策的记载,《晋书·慕容皝载记》放在迁徙宇文部民之后,《十六国春秋辑补》将时间系于翌年。因此,让人觉得似乎是以宇文部民为对象,同在封裕上言中说:

> 流人之多旧土十倍有余,人殷地狭,故无田者十有四焉。……宜省罢诸苑,以业(所有地)流人。人至而无资产者,赐之以牧牛。

该文上半段是针对一般流民而言,后半段则提议让苑囿土地归流民所有,后者因为是作为借苑囿政策的替代方案,故或可表明慕容皝的政策是针对一般流民的。结果,慕容皝采纳了封裕的建议,原方案却也保持,借官牛开垦官田者,税收依据魏晋的比例。

慕容皝的政策,是准备开垦国都周边土地。未垦地的存在,并非因为劳动力不足,而是前燕当局圈占的土地太多。所谓"苑"、"诸苑"即是。一般认为,前燕政权通过徙民政策来确保劳动力。但是,根据封裕所言,实际上人口处于过剩状态。对此,封裕说道:

> 句丽、百济及宇文、段部之人,皆兵势所徙,非如中国慕义而至,咸有思归之心。今户垂十万,狭凑都城,恐方将为国家深害。

各种族人集中在一起,反而危险,因此,他建议把他们迁到西部边境诸城,但未见实行。

封裕在上言中列举了被强制迁徙的各民族、部落的名称,与之相对的"中国",应是指汉族流民。从他们的经历来看,各民族、部落的徙民,以及汉族流民的一部分,或得到或租借土地维持生业,在国都周边进行耕垦。此外,还存在许多贫民。如果慕容皝完全采纳封裕的建议,将国都的贫民迁往边境,将能解决贫民问题,对照下例,在边境建设新郡县,应对地方的开发起促进作用,然而,这些都没能实行。[1]

慕容皝之子慕容俊时代,前燕进据中原,迁都于邺(河南省安阳市),建立起统治中国东部的王朝。

西北方面,起初有汉族张轨建立的前凉政权。张轨曾任西晋凉州刺史(治所在武威郡),其部下因"天下方乱,避难之国唯凉土耳"(《晋书·张轨传》),拥立张轨,平定甘肃地区。于是,"中州避难来者,日月相继,分武威[郡],置武兴县以居之"(同上)。亦即此地为安置难民定居,也设置新郡。大概难民组成集团进入某地,为此必须设置新郡。

关于张氏设置的州郡,《晋书·地理志》"凉州"条有归纳记述,据其记载:

> 永宁中,张轨为凉州刺史,镇武威。上表请合秦、雍流移人,于姑臧西北置武兴郡,统武兴,大城、乌支、襄武、晏然、新鄣、平狄、司监等县。又分西平(郡)界置晋兴郡,统晋兴、枹罕、永固、临津、临鄣、广昌、大夏、遂兴、罕唐、左南等县。

到张寔时期,又立光武郡(甘肃永登县东南)。张茂时期,设定州;张骏时期,设凉州、河州、沙州;张寔时期,设商州。此外,据说张玄靓时期还设置祁连郡(甘肃张掖西南),张天锡时代设置临松郡(张掖南方)。齐陈骏等著《五凉史略》此外还列举了建康郡(甘肃高台县骆驼城)、湟河郡(青海西宁东南)等地名。[2] 据清朝洪吉亮《十六国疆域志》,似乎张氏时代设置的郡县还不止这些。这些郡县不一定都是为难民或流民而设置的,但是,多数郡县的设立,大体和人口增加有关,而人口增加的主要原因,可以说是外来人口的增多。设立新郡县应是想利用这些劳动力来开发新的地方。

张氏建国初期,起用甘肃地方名族施政,设立学校,教育子弟,因此,流入此地的难民知识分子颇被录用。《资治通鉴》称:"凉州自张氏

---

〔1〕关于上述政策,田村实造前引著作第138-139页,以及谷川道雄《隋唐帝国形成史论》(筑摩书房,1971年,增补版,1998年)第91页以下均有论述,认为这些举措以直属于国家的营户为对象,本章则将属于郡县的汉族流民也纳入考察对象中。

〔2〕齐陈骏、陆庆韦、郭锋著《五凉史略》,兰州,甘肃人民出版社,1988年,第36页。

以来,号为多士。"(卷123)胡三省注说明道:"永嘉之乱,中州之人士避地河西,张氏礼而用之。子孙相承,衣冠不坠。故凉州号为多士。"

张氏前凉政权经历约75年而崩溃,在五胡十六国后半叶,西北地区先后建立了西秦、后凉、南凉、西凉等政权,但如《资治通鉴》所言,名族、知识分子依然被录用。例如,鲜卑秃发氏建立的南凉,所起用的"金石生、时连珍,四夷之豪俊;阴训、郭倖,西州之德望;……梁昶、韩疋、张昶、郭韶,中州(中原)之才令;金树、薛翘、赵振、王忠、赵晁、苏霸,秦雍(关中)之世门,皆内居显位,外宰郡县"(《晋书·秃发乌孤载记》)。

灭亡张氏前凉政权的是前秦的苻坚。苻坚从中国的中心地将众多的人口迁往西北边境的敦煌地区。《晋书·凉武昭王李玄盛传》记载:

> 初,苻坚建元(365—384年)之末,徙江汉(汉水、长江流域)之人万余户于敦煌,中州(中原)之人有田畴不辟者,亦徙七千余户。郭黁之冠武威,武威、张掖已东人,西奔敦煌、晋昌者数千户。及玄盛(西凉创建者李暠)东迁,皆徙之于酒泉,分南人(上述江汉之人)五千户置会稽郡,中州人五千户置广夏郡,余万三千户分置武威、张掖三郡。

西凉建国后,由于把都城从敦煌迁到酒泉,所以也就把迁入敦煌地区的百姓重新迁往酒泉,新设置的郡分布于敦煌和酒泉之间(《十六国疆域志》卷8)。

苻坚是因为敦煌地区未开垦的土地多,才迁徙百姓安置于此。大概到了西凉时代,敦煌的人口增加了许多。所以,随着西凉迁都,才设法充实酒泉到敦煌之间的地区。即便如此,仍有多余人口,所以把他们分配于东方各郡。此时,虽说是重新分配移民人口,但是,这种迁移之所以可行,仍因为他们组成集团形态。

五胡十六国时代的少数族政权,经常推行徙民政策。这是为了获得先进的知识、技术和劳动力,它与接受流民一样重要。最大规模的徙民发生在统一五胡十六国的北魏时代。天兴元年(398)正月,北魏攻陷后燕首都中山(河北定县),进据华北。其时,"徙山东六州吏民及徒何(鲜卑)、高丽杂夷三十六万、百工伎巧十余万口,以充京师"(《魏书·太祖纪》)。将后燕统治下的汉族吏民、统治民族鲜卑慕容氏、高句丽及其他各族众多人口,特别是手工业者十余万人(后述《魏书·食货志》作"十万余家")一齐迁徙到首都周围。北魏在这一年七月将都城从盛乐(内蒙古和林格尔)迁到平城(山西省大同市),所以,发布徙民命令的时候,都城在盛乐,考虑到迁徙的时间,则徙民前往的都城应是平城。

《魏书·食货志》记载这次徙民道:"分徙吏民及徙何种人、[百]工伎巧十万余家,以充京师,各给耕牛,计口授田。"据此,可以认为,徙民的大部分按其人数给与土地,在平城周围开垦。特别记载"百工伎巧",是因为他们人数众多,引人注目,表明北魏重视获取先进技术人口。这种对技术人口的重视,一直延续到北朝国家体制确立之后,具有纺织、金属加工(佛像、兵器、乘具及其他器具制造)和奏乐舞蹈等技能者,被称作"杂户",将其身份固定下来,向官府提供制品,上番服役。

北魏将百工伎巧从后燕迁出,表明在北魏以前的五胡十六国时代也有这类人员存在。特别是为了满足君主的需要,而将这些工匠置于身边。后赵石季龙在襄国(河北邢台市)和邺(河南安阳市)营造宫殿时,"又置女鼓吹羽仪、杂伎工巧"(《晋书·石季龙载记》)。成汉李寿模仿石季龙充实都城,"以郊甸未实,都邑空虚,工匠器械,事未充盈,乃徙旁郡户三丁已上以实成都。兴尚方御府,发州郡工巧以充之,广修宫室,引水入城,务于奢侈"(《晋书·李寿载记》)。在这里,手工业和音乐工伎只是为着满足君主的奢侈,而不是像北魏那样从建设国家的角度予以重视。

因此,这些人员的地位低下。《晋书·苻坚载记》记载,前秦苻坚命令:"非命士已上,不得乘车马于都城百里之内。金银锦绣,工商、皂隶、妇女不得服之,犯者弃市。"这是沿袭汉代以来传统的重农思想的法令,所以并不是五胡各国固有的东西。这些短命、生产力低下的国家,还没有余力去关注手工业的重要性。北魏统一各国,必须开展国家建设,由于其为后进的少数族国家,反而注意到手工业等技术的重要性。北朝的杂户,虽然还受传统观念的束缚,但是,其身份性地位与一般民户并无差异。[1]

这一时期,向边境迁移的流民,虽然有向东晋政权所在的江南,或向少数族政权和地方政权所在的东北、西北等方向上的不同,然而,他们都呈现出在强势人物统率下集团迁徙的形态,以及设置郡县所见到的定居形态,相似之处颇多;其上层头领、知识分子被政府所吸收任用,有时还担任中枢要职,而一般民众则对边疆的开发大有贡献,这些都是共同的。其结果,在江南,盛开出六朝文化之花;使得江南经济的发达在下个时代远远超过华北。在西北,移民对当地的开发,使得农业生产发达,促成张氏政权时代的货币经济繁荣。陈寅恪先生强调,由于中原发展起来的文化保存于西北,故后来统一中国的隋、唐统治者出自西北地区,并决定了隋唐国家的性质和结构。[2] 到了北魏,手工业技术工匠的地位也在提高。

本章主要介绍西晋末、东晋、五胡十六国时代,中国各地和朝鲜半岛人口迁移的情况,有时也涉及其前后时代。日本的外来移民,也在此背景下迎来鼎盛时期。文中所论移民的形态和作用,都与日本的外来移民情况相同。

---

〔1〕滨口重国《唐王朝的贱人制度》第 300 页,东洋史研究会,1966 年。
〔2〕陈寅恪《隋唐制度渊源略论稿》,重庆商务印书馆,1944 年;上海,商务印书馆,1946 年;北京,三联书店,1954 年。

·欧·亚·历·史·文·化·文·库·

6　中国律令制度在东亚的传播

6.1　学习中国律令的必要性

古代东亚国家之所以向中国朝贡,以各种不同的形式和中国发生关系,是因为各民族的国家形成比中国迟,所以有必要向中国学习其国家机构的建制及其运作。在这个时代,东亚各国与中国的交往,是以此为中心展开的,并因此获得各种文化。中国的国家机构建制及其运作,规定于律令之中。因此,对于各国而言,重要的是学习此律令,引入律令所规定的各项制度。就中国而言,臣服于中国的国家,原则上必须遵从中国法(律令)。然而,后进的国家与中国国情不同,所以必须根据各国的实际情况,对中国律令进行修改。而且,律令体系也不是一次就能吸收得了的,所以,律令所规定的各种制度,只能逐渐地、一部分一部分地吸取。接受律令体系,并编纂独自的律令法典的是日本。日本最初是逐步采用部分制度,而后对整个律令体系进行修改、采纳。

朝鲜也有编纂律令法典的记载。因此,本章将对最初编纂法典的记载进行分析,阐述摄取各项律令制度的特征。

6.2　引进并建立中国式律令体制的进程

日本编纂律令的最初记载,见于《弘仁格式·序》和《大织冠传》,亦即天智天皇即位元年(称制七年,668)制定《近江令》的记载。但是,我们没有该法令确实存在的证据,因此,对其存在的肯定说和否定说并存。持肯定说者,是从存在有关冠位、官制和造籍的法令而作出推测的。这种个别的令也许存在,但是,体系性的法典大概尚未成立。当时,正是白村江战役失败后,日本四处奔走以收拾残局的时期。668

年,唐朝征服高句丽,翌年,日本向唐朝派遣使者,以表祝贺。此时,日本甚为关注唐朝的举动,因此,在这种时期制定律令,颇有疑问。因为制定律令,是标榜自唐独立的行为。须加留意的是,此后到制定《大宝律令》为止,日本未曾派遣过遣唐使。

经过壬申之乱,天武天皇即立,十年(681)发出"欲定律令,改法式"的诏书(《日本书纪》"天武天皇十年(681)二月"条)。持统天皇三年(689),"班赐诸司令一部廿二卷"(《日本书纪》"持统天皇三年(689)六月"条)。这就是《飞鸟净御原令》。关于《净御原律》,有未曾编纂说,以及编纂后实施时期不明说。关于《令》,则认为其为临时性的、不完整的见解较有力。这是将它置于到完成《大宝律令》为止一连串律令编纂过程中进行考察而得出的看法。

在这里,我想结合中国北魏的《正始律令》进行考察。《正始律令》因宣武帝正始元年(504)制定而得名,只实施律的部分,令最终没有实行。这与日本的情况正好相反。在中国,律在保持社会秩序、维护统治上更受重视,而在日本,为国家运营而制定的令更加重要。相当于律的东西,原来就存在于各国固有法之中。但在国家形成而需要整建机构时,向中国学习而制定令就成为当务之急。

大宝元年(701)完成并于翌年颁布的《大宝律令》,标志着日本律令的成型。当然,这是《续日本纪》的记载。《大宝律令》是自天武天皇以来伴随着天皇权力的强化而开始编纂的律令,一度以《净御原令》的形式出现,在此基础上最终完成。然而,《大宝律令》原本已残。此后,朝廷对《大宝律令》进行部分修改,制定出《养老律令》,但此事不见于《续日本纪》,所以有人认为是藤原不比等的私人事业,也有人认为,是藤原不比等仿效隋唐换代修律令而在其掌权时所为。《弘仁格式·序》说是在养老二年撰就的,时间颇可怀疑,可能实际是在养老五、六年才完成的。根据近日所见《令义解》和《令集解》所引录的原文,大致可窥见《养老令》的全貌。但《养老律》残存一部分,散逸一部分,由此亦可看出令更受重视。唐朝则相反,律保存下来,而令都散失了。

在朝鲜,最早的律令记载,见于《三国史记·高句丽本纪》"小兽林王三年（373）"条的记载："始颁律令。"与此相关的记载，全无保存。稍前的 370 年，高句丽向之臣服的前燕灭亡，翌年（371），百济攻陷其首都平壤，高句丽故国原王战死，小兽林王继立。当时，高句丽尚未同东晋恢复关系，处于孤立而衰落的时期。正因为如此，所以有必要颁布某种形式的法令，这就是上引史料所保存的情况。

作为法典的律令，当时中国实行的是西晋制定的《泰始律令》，这在中国也属于建立律令体系的最初的尝试。在记载里，高句丽曾于336 年和 343 年到东晋朝贡，其使者有可能将此律令带了回来，并在小兽林王初期危机四伏的时刻颁布。但是，当时中国和高句丽的国家体制相差甚远，且不论将中国法典原封不动地颁布，即使作些修正，也很难取得实效。日本感到确实需要律令法典，是因为王权已经发展强化到一定的阶段。如何评价当时高句丽王权的发达程度，是个问题。

其次，《三国史记·新罗本纪》"法兴王七年（520）"条记载：

　　春正月，颁示律令，始制百官公服，朱紫之秩。

与此条相关的记载，见于后世所造《凤岩寺智证大师寂照塔碑铭》："自我法兴王制律条八载"，亦即以法兴王颁布律令为纪年的基准，可知此事具有重要的意义。法兴王时代，是新罗强化王权的第一阶段，至其二十三年（536），建立"建元元年"年号，标榜国家独立。由此分析，他制定某种法典，不足为奇。

我们注意到碑铭上使用的是"律条"一语。律这种刑罚法规，以简朴的形式存在于各国的固有法中，是维持国家治安最初的必须的法律。此后，随着国家机构的发展，产生了制定令的需要。在这个阶段，整理律也许是首要之务。林纪昭《关于新罗律令的二三问题》（《法制史研究》17）一文认为，法兴王的律令就是这种性质的律。

对此律令，还有另外一种见解。上面《三国史记》的引文，在颁布律令之后接着记载："始制百官公服，朱紫之秩。"因此，有学者认为是规定与百官官阶相对应的衣冠服色。官品（品阶）确定后，用衣服和冠来表示。后面还将提到，在官僚体制发达的阶段，首先必须明确官僚间的身份秩序。上述引文可以理解为颁布律令的结果。武田幸男《新罗法兴王时代的律令与衣冠制》(朝鲜史研究会编《古代朝鲜与日本》)一文认为,此颁布律令事,只能说明制定了衣冠制。

最后,《三国史记·新罗本纪》"太宗武烈王(金春秋)元年(654)"条记载:

> 五月,命理方府令良首等,向酌律令,修定理方府格六十余条。

此前,在三国对立日益激化和唐朝的压力下,647年,贵族毗昙起兵造反,金春秋和金庾信等人以镇压此叛乱为契机,掌握了实权。金春秋翌年成为宰相,越海入唐,采取与唐朝结盟的政策。649年,新罗导入唐朝的衣冠制,翌年(650),采用了唐朝的年号。654年,真德女王死后,金春秋即位,马上制定了理方府格。

该格是金春秋统治国家而发布的新法令。同时也可以理解为对即位前以来的改革的总结。如果在采用唐朝的官品及年号之后,则制定格时所参考的"律令"当然就是唐朝的律令。新罗于624年接受唐朝册封,取得了乐浪郡王、新罗王的封号。金春秋即位时也获得上述册封。显然,新罗不仅是向唐朝臣服,而且比以前更加接近唐朝,并在形式上接受唐朝的律令法系。但是,唐朝的律令并不一定适合于新罗国家的实际情况,因此,有必要制定格。将其称为理方府之格,是因为理方府是掌管法的官府。故此格并非规定理方府运作的法规。

《三国史记·新罗本纪》"哀庄王六年(805)"条记载:

> 秋八月,颁示公式二十余条。

这是指《公式令》,还是指格式的式,并不太清楚。假如是后者的话,说明新罗有格与式两种。形式上奉行唐朝律令,实际则根据格式来运作,这就是新罗的法系。有的学者认为,在律令法典编纂以前,日本也有过奉行中国律令的时期。

6.3　各国律令体制的特色

如开头所述,大概各国都不是系统地吸取律令,而是部分地吸收中国律令所规定的各种制度,即使如日本这种系统编纂律令法典的国家,也是从部分吸取相关制度开始的。在部分吸收之际,各国在处理上都有超越国情的共同之处。下面就此加以阐述。

隋、唐令的开头部分是《官品令》。"官品"是指官的品阶。从《官品令》可以得知,相当于正一品的有哪些官职从一品的又有哪些官职。执中国国家政治权柄的所有官职,都可以按官品进行分类,不仅表现其官职的上下关系,而且也表示担任以上官职的官僚们在身份上的高低之别。古代的官僚是一种身份,因此,表明身份对于官僚制至关重要,所以要将《官品令》置于令的开头。官品具有这般性质,那么,随着王权的成长,明确国王与其身边的贵族,以及贵族之间的身份,就成为第一要务。所以,各国最早关心的是官品(官位)制度。

各国向中国朝贡,其君主接受中国册封,获得中国的官品、官职、爵位。这些官品、官职、爵位等,对于他们在各自国家内部树立君主权威大有作用。而且,对于确定各国之间的国际关系秩序,也很重要。因此,即使在魏晋南北朝中国王朝积弱不振的时代,周边各国仍然向中国朝贡,要求获得中国的官封。日本和百济不仅国王请求册封,甚至还请求授予其臣下官品。这大概是想通过中国王朝的官封来确立国王与臣下之间的身份地位。日本曾固执地要求得到"都督诸军事"的封号,目的乃在于要使国际社会承认其优于朝鲜各国的地位。

因此,各国最初都存在着将中国王朝的官品照原样搬回国内用以维持政治秩序的阶段。不久之后,各国便建立起自己的位阶制度。日本推古朝的冠位十二阶,就是其中之一。此后,日本每当王权发展的重要阶段,便要修订官位制度。6 世纪左右,朝鲜各国也完成了位阶制度的建立工作。如上一节所述,新罗法兴王时代的衣冠制度,便是与之一起建立的。《新唐书·渤海传》记载:"以品为秩,三秩以上服紫,牙笏、金鱼。五秩以上服绯,牙笏、银鱼。六秩、七秩浅绯衣,八秩绿衣,皆木笏。"渤海的官位称为一秩、二秩……同样用衣服的颜色来表示级差。南诏德化碑说:"然后修文习武,设官百司,列尊叙卑,位分九等。"由此可知,南诏的官位分为九等。吐蕃似乎是用宝石、金属来区分身份,镶嵌在衣服上,用其粉书写诏令(参阅山口瑞凤《吐蕃王国成立史研究》)。总之,位阶是通过眼睛所能见到的服饰来显示的。

如后面所论,中国北方的游牧民族国家,其社会组织、国家机构迥然不同,因此,律令几乎未被引进。颇值留意的是,在《隋书·突厥传》所录启民可汗奉呈隋炀帝的上表中,有这样一段话:

> 乞依大国服饰法用,一同华夏。臣今率部落,敢以上闻。伏愿天慈不违所请。

突厥的这一请求未被采纳,大概隋炀帝不赞成华夷服饰相同。既要推广法律和道德,又想维持华夷之间的差距,中华思想本身就包含着矛盾。

官品之外,颇具影响者为官职制度。既然各国为了加强君权而需要集权式的官僚制度,则此即为自然之事。比较而言,渤海国几乎照搬唐朝的三省六部制度,设立政堂省、宣诏省和中台省,政堂省下设忠、仁、义、智、礼、信六部,分掌政务,对应唐朝御史台的是中正台,相当于唐朝九寺、五监的有七寺、一监、一院、一局。渤海历史短浅,几乎没有固有的官制,因此有可能如此直接输入。与渤海不同的是固有色彩浓厚的新罗。位于新罗国制顶点的,是律令制以前,继承贵族合议体之长的上大等,此外,以执事部为中心,设有兵部、仓部、礼部、调府、领客府、乘府、例作府、船府、位和府、司政府、理方府等官府。要成为这些官府的上级官吏者,将受新罗传统的骨品制的制约。随着新罗的灭亡,这种身份制也崩溃了,后继的高丽王朝便直接采用唐朝的三省六部制。

在日本,太政官也是通过合议制运作的,其下设有八省,分掌政务。官僚同样受贵族制的制约。在南诏,有相当于宰相的清平官多人,此外还有大将军、酋望等权贵合议政治。清平官之下有九爽、三托,分掌政务。这种贵族、权势人物掌控的政权运作,可以说多少代表着该时期国家的特征。

这种特征在地方行政制度上就更加明显。本来,中国的律令,是以君主直接、个别地控制人民为目标制定的,所以也称作个别的人身统治。但是,在中国周边的国家,存在着由首领、族长等所统率的血缘的或地缘的集团(共同体),它成为阻碍中央政权直接统治力渗透的要因,所以,地方行政不得不依赖这些首领、族长的势力。像日本这种系统地引进律令制的国家,国司虽然由中央派遣,但其下的郡司则任用地方首领,必须借助于这些首领对地方的控制。

新罗的地方行政制度,保存着原有的部族制和部族国家的遗制,只是添加上州、郡、县的名称,长官虽然来自中央,却必须依靠村主等在乡势力进行治理。渤海是少数高句丽族统治多数靺鞨族的国家,其下有靺鞨族的"首领",他们支撑着渤海国家的统治。在南诏,畿内实行相当于州的六睑制,后来设置六节度使以统治其他部族。

既然律令以直接统治人民为目标,那么,规定百姓登录户籍的《户令》、规定土地制度和租税制度的《田令》和《赋役令》,就是最重要的法令。然而,周边国家或地区的地方行政对人民的统治状况既如上述,其与中国制度当然差距颇大。尽管如此,日本还是模仿唐朝的均田制,实行班田收受制,但其租留于地方,继承了前代向地方首长贡纳的遗制,而庸和调则作为向国王的贡纳奉献,收归中央。

从日本正仓院发现的新罗村落文书可知,新罗按村落全部登记户口、牛马、田地和树木等内容,还记载了被认为是税役赋课单位的数值。新罗也有租调制度,据此村落文书,租、调、力役不是按个人,而是按村落或数个村落为单位征课的。在渤海,也是通过靺鞨族部落的首领来征收产品和兵役的。

如前所述,新罗的地方行政组织,虽然具有中国式的州、郡、县等名称,但实际上主要由同族集团构成。在同族集团之间存在着身份差别,下层的依附性集团属于部曲等贱民。这虽然是套用中国隋唐的贱民、部曲、奴婢等名称,但是,中国的贱民以个人形式附属于主人,而朝鲜的部曲则形成村落,负担公课。这种朝鲜的部曲名称,在实行律令制以前就已传入日本,成为指称依附于豪族的集团性依附民的名称。一般认为,日本的律令制将其废除,从而实现了公地公民制。实际上,部曲作为民部、家部,而宫廷所属的集团性依附民(部民)则作为品部、杂户,继续存在于律令制度下。杂户原来也是中国官属贱民的名称,和私属贱民的部曲一样,是个人形态的依附民。然而,在日本和朝鲜,贱民以集团的形态存在。此与上述地方行政制度下的良民形态一道成为两国社会的特征。此外,在日本和朝鲜,奴婢都可以视为个人形态的奴隶。

中国北方的游牧民族也向中国朝贡,接受中国的册封。通过册封所获得的官品、官职、爵位等,与上述日本、朝鲜等国的情况相同,用以提高君主及其家族、重臣们的权威,并有利于确定同周邻各族的关系。中国方面也期待着通过册封来获得国境的安全。然而,与上述各国不同,游牧民族在其国内几乎没有采纳实行律令制度。其原因在于游牧民族的社会和国家结构,与实行律令的国家和社会截然不同。至少到唐代,游牧民族的国家仍然保持着部族联合体的结构,君主处于联合体领袖的地位。此与拥有绝对权力的君主用中央集权的方式统治人民的律令国家,在组织结构上无法兼容。如前所述,在隋代,突厥曾经一度打算采用中国的服饰亦即衣冠制度,但终归失败。

须加留意的是,日本和朝鲜等国最初都具有和游牧民族国家相似的结构。然而,农业国家逐步加强君主权力,便会在某个阶段采用律令制度。而且,部族组织形态的残存,也成为吸取律令制度形式的主要规定性契机。

7　在唐新罗人的活动与日唐交通

7.1　古代民间的国际交流

　　有关古代地区间的交通和贸易的史料,以国家间使节交换的记载占绝大多数。实际上,这种正式的交往也确实占据主要位置。受其影响,民间贸易也有所存在。例如,《三国志·魏志·倭人传》记载,对马和壹岐"南北市籴","国国有市,交易有无"。当然,这些是表明存在近邻地域之间小额贸易的史料。在中国,"市"很早就已发达,并伴随着货币经济的发展而进行相当远途的贸易,这种货币经济超出中国的范围扩大到周边地区,大概要到唐代中期以后。[1]　中国和各民族之间所进行的使节交换,是根据中国同各民族之间设定的身份关系来进行的,中国称之为"朝贡",各民族在大部分场合也都予以承认。朝贡之际,各族送来的贡纳品,同中国王朝的回赐品相互交换,大多具有贸易的性质。此外,中国王朝允许同国境相邻的民族进行贸易,称之为"关市"或"互市"。"关市"从汉代延续到唐代,在国家的严密监视下进行,其交易的时间、商品的种类和价格等,都是政府规定的,不允许商人越过边境。其做法,在后来民间对外贸易兴盛之后仍有所保留,需加留意。

　　随着中国与外国的交流越来越深入,外国人来中国的情况也越来越多。唐朝创造出的世界帝国,接受大量与朝贡国使节相携来朝的宿卫、学生、僧人等,让他们长期滞留。唐朝还为他们打开入仕之途,但更多的人成为佣兵驻守边境,在他们中间,有不少人成为武将,出人头地。

————————

　　〔1〕从南北朝时代开始,粟特人来往于中国,但这并不表明中国的货币经济范围很广。到了唐代,虽然允许进行中国境内的贸易,但却禁止中国人和粟特人越过国境进入蕃域(《卫禁律》、《开元户部格》、《唐会要·关市》)。中国商船来到海外,要从唐朝中期开始,这是本章要研究的课题之一。

除了上述与政治关系密切的人外,还有百姓来到中国,他们大部分是来进行商业活动的。到中国的商人,较早的有粟特人,唐朝中叶以后有阿拉伯人、伊朗人和土耳其人等伊斯兰教徒。东亚方面,则以新罗人居绝对多数。

新罗和唐朝的关系上,国家派遣的使节、宿卫、留学僧等都比其他国家多出一倍以上[1]。新罗一般百姓的情况,比较详细地记录在838年到847年滞留于唐朝的圆仁(慈觉大师)所写的日记《入唐求法巡礼行记》中,冈田正之、今西龙、赖肖尔、内藤俊辅、藤间生大等先生早有研究[2],近年来,中国和韩国学者也发表了专论。由于他们的商业活动遍及东亚海域,所以也可用以了解同日本的关系。关于这一点,除了圆仁的日记之外,还散见于《六国史》等日本的官方纪录中。如第二章所论,初期日本的遣唐使同新罗也有重要的关系,本章将对民间人物的活动与交流进行研究。

7.2 圆仁所描绘的在唐新罗人及其自治

圆仁滞留中国期间,有两个地方尤为重要。一个是山东半岛突出部的赤山村一带,另一个是江苏北部的楚州(今淮安市)。这两个地方是新罗人的居住地。对圆仁而言,参拜五台山、长安的佛教寺院固然重要,但他的上述巡礼活动却是在这两地新罗人的帮助下才得以实现的。

---

〔1〕严耕望《新罗留学生与僧徒》,收入其著《唐史研究丛稿》,香港,新亚研究所,1969年。

〔2〕冈田正之《论慈觉大师的入唐纪行》第4,载《东洋学报》13-1,1923年。今西龙《读慈觉大师入唐求法巡礼行记》,收入其著《新罗史研究》,近藤书店,1933年。赖肖尔《圆仁的入唐行记》(Reischauer, E. O., Ennin's Travels in T'ang China, New York, 1955.),田村完誓译作《世界史上的圆仁——唐代中国之旅》,实业之日本社,1963年。内藤俊辅《论新罗人的海上活动》、《论唐代在中国的朝鲜人事迹》,收入其著《朝鲜史研究》,东洋史研究会,1963年。藤间生大《九世纪新罗人的海外活动》,收入其著《东亚世界的形成》,春秋社,1966年。金文经《唐代新罗侨民的活动》,载林天蔚、黄约瑟编《古代中韩日关系史研究》,香港大学亚洲研究中心,1987年。刘希为《唐代新罗侨民在华社会活动的考述》,载《中国史研究》1993-3。卞麟锡《试论九世纪唐朝新罗坊的性质》,载《第二届国际唐代学术会议论文集》下册,台北,文津出版社,1993年。刘永智《中朝关系史研究》,郑州,中州古籍出版社,1994年。陈尚胜《唐代的新罗侨民社区》,载《历史研究》1996-1,等等。

143

·欧·亚·历·史·文·化·文·库·

在唐朝各地,有许多新罗人的住地[1],但其中这两处因为是集团性居住地而引人注目。这两个地方,对于新罗商人来说,恰好处于十分重要的地理位置上。山东是与新罗本国交通的要地,因此,新罗人聚居于此,并非偶然。楚州则与山东近邻,同时也是中国国内的交通要地,或许还是在唐新罗人相互联络的地方,各种情报集中于此。

圆仁和赤山村的关系,可以说是从偶然的事情开始的。圆仁随同实际上成为最后一次遣唐使的藤原常嗣一起到唐朝,他的身份是请益僧,派遣到唐朝进行短期的研修,一般要随本次遣唐使一道回国。他申请参拜五台山,却因为办理手续需要花费许多时日而来不及随遣唐使一起回国的原因,遭到拒绝(《入唐求法巡礼行记》"开成三年九月廿日"、"四年二月廿日"、"二月廿四日"条[2])。无可奈何的圆仁只好搭乘遣唐使船踏上回国的旅途。该船预定从楚州出发,驶往山东半岛,经海州、登州回国(《入唐求法巡礼行记》"开成四年三月廿二日"条)。圆仁打算中途下船,留在唐朝。他得到新罗翻译的帮助,从海州辖内的村庄上岸,却被村内巡逻的士兵捕获,计划挫折。此后,船只继续北上,在山东半岛南部遭遇风暴而停泊。在此期间,圆仁向管辖该地的押衙使林大使投书,申请在唐朝逗留(《入唐求法巡礼行记》"开成四年五月十六日"条)。不久,船只从山东半岛突出部的赤山起锚,留下在岸的圆仁,扬帆归去(《入唐求法巡礼行记》"开成四年七月十六日"、"廿三日"条)。

赤山村属登州文登县(今荣成市赤山镇或赤山集),这里有赤山法花院(法华院),僧众皆为新罗人,用新罗的语言习俗举行法会仪式,由"新罗通事、押衙"张咏、林大使、王训等人管理(《入唐求法巡礼行记》"开成四年六月七日"条)。如后述,张咏是文登县内新罗人的总监督,林大使大概是文登县的押衙使,而王训则是赤山西面邵村的村勾当(村长)。据此可以推测,赤山法花院为此地区新罗人的信仰所归,成

---

〔1〕上引刘希为论文。

〔2〕兹以小野胜年《入唐求法巡礼行记的研究》(全4卷,铃木学术财团,1967、1969年,现为法藏馆出版)的版本为据。

为其社会凝聚的中心。本来,此寺院乃张宝高寄进庄田所建(同上条),张宝高(杜牧《樊川文集》、《新唐书·新罗传》、《三国史记》其本传作"张保皋",但《三国史记·新罗本纪》作"弓福"。根据中国和朝鲜的记载,似以"张保皋"为是;但以下行文主要依据圆仁和日本方面的记载,所以仍作"张宝高")原来是唐朝军人,回国后任清海大使,据有新罗南岸的莞岛,掌握着黄海的制海权。后来,他拥立国王,在新罗权势熏天。[1] 圆仁在赤山停留不久,就有两艘张宝高的商船进港,其下的"大唐卖物使"崔兵马使(崔晕)等人人寺访问(《入唐求法巡礼行记》"开成四年六月廿七日"、"廿八日"条)。[2] 可以推断,山东的新罗人大多同张宝高联手从事贸易活动。不久,圆仁记载了赤山东面的青山(成山)浦有渤海贸易船停泊的情况(《入唐求法巡礼行记》"开成四年八月十三日"条)。在中国居住数年之后,圆仁又返回此地,准备从这里回国。前面曾介绍过的张咏还专门为圆仁造船(同书"会昌七年二月"条),显然已经习惯于海上交通运输。当然,赤山法花院拥有庄田,附近为农村,所以也一定有人从事农业。

关于圆仁同楚州的关系。最初是圆仁与遣唐使一道行动的时候,与从长安觐见皇帝归来的大使在楚州再会。遣唐使一行人在此雇用船9 艘、新罗水手 60 余人(《入唐求法巡礼行记》"开成四年二月廿四日"、"三月十七日"条),踏上回国的旅途。圆仁也随船北上,在海州附近遇上装载木炭从密州开往楚州的新罗船(同书"开成四年四月五日"

---

〔1〕参阅蒲生京子《新罗末期张保皋势力的抬头及其反叛》,载《朝鲜史研究会论文集》16,1979 年;李炳鲁《对九世纪初期"环中国海贸易圈"的考察——以张保皋及其对日交易为中心》,《神户大学史学年报》8,1993 年。

〔2〕此部分,《入唐求法巡礼行记》"开成四年六月廿七日"条记作:"闻张大使交关船二只,到旦山浦";同书"开成四年六月廿八日"条记载:"夜头,张宝高遣大唐卖物使崔兵马使来寺,问慰。"据此,交关船应由崔兵马使指挥。后一条史料,小野胜年译作:"张宝高所派遣的大唐卖物使崔兵马使来寺。"与其将远在他国的张宝高作为此句的主语,还不如将入港船的指挥崔兵马使作主语更加自然。此句按一般的理解,当为"张宝高让崔兵马使访问寺院"。佐伯有清先生甚至认为是为了慰问逗留寺中的圆仁,说道:"这表明张宝高已经听说了圆仁。"(其著《圆仁》第 114 页,吉川弘文馆,1989 年)如后述,圆仁持有致张宝高的信函,在山东上岸之前,已经知道张宝高的情况(《入唐求法巡礼行记》"开成四年四月廿日"条),所以,他应从一开始就知道张宝高,但是,在谋划上岸、滞留的时候,他并没有打出张宝高的名字。至于张宝高是否知道圆仁,无法确认。

条）。后来,决意回国的圆仁也是搭乘从密州装运木炭的新罗船只前往楚州的(同书"大中元年闰三月十七日"条)。从楚州雇新罗坊王可昌的船只抵达山东("六月十八日"条),在乳山(赤山以西)换乘从苏州前往日本的金珍等的船只("七月廿日"条),经过登州回国。这条船当然是新罗船。楚州和南方的交通似乎十分发达,居住在扬州的新罗人王宗就是搭乘楚州船只回扬州的("会昌六年六月十七日"条)。圆仁是从楚州总管薛诠的信中得知这一消息的,他和后来成为总管的新罗译语刘慎言关系特别亲密,从他的信件往来中,可以获得许多在唐日本人的情况,以及与日本的关系等情报。这些事例说明,居住在楚州的新罗人,同外界特别是扬州、苏州等地一直保持联络。楚州的新罗人主要以水运为生计,往来于山东、江淮之间。

据说,在楚州及其东北的泗州涟水县,有"新罗坊"(《入唐求法巡礼行记》"会昌五年七月三日"、"七月九日"条)。涟水县和楚州相邻,故这一带有新罗人居住,过着相同的生活。然而,它们是分属于两个不同行政区划的城市(楚州属淮南道,涟水县属河南道),故"新罗坊"也是分别设置的。新罗坊堪与唐代以后南方对外港口城市广州、泉州所设置的伊斯兰教徒的"蕃坊"相比。蕃坊从定居的伊斯兰教徒中选举蕃长,实行自治。[1] 新罗坊应该也是新罗定居者的自治区。"坊"指唐代都市内部的区划。其一部分划为外国人居住的区域。因此,将山东赤山村一带的村落称为"新罗坊",并不恰当。[2] 如果当时是如此称呼的,那么,详加记录的圆仁不会不记下其名。不过,山东的新罗居民中间实行自治,这点是相同的。而这一点却和只住在城市里的伊斯兰教徒不同。

就这种自治而言,是有限度的。管理赤山地区的,是在文登县东南青宁乡(或清宁乡)的"勾当新罗所"(《入唐求法巡礼行记》"会昌五年八月廿四日"条),其长官为"平卢军节度同十将兼登州诸军事押衙"、

---

〔1〕桑原骘藏《蒲寿庚的事迹》,岩波书店,1935 年;平凡社东洋文库,1989 年;《桑原骘藏全集》第 5 卷。范邦瑾《唐代蕃坊考略》,载《历史研究》1990 – 4。
〔2〕前引内藤俊辅、卞麟锡先生把山东的村落都称为"新罗坊"。

"勾当文登县界新罗人户"的张咏（同书同年"八月廿七日"条）。张咏或许是住在当地的新罗人，同时也是治所在青州的平卢军节度使辖下的军人。765 年（永泰元年），高句丽人李正己担任平卢军节度使，兼押新罗渤海两蕃等使，掌握着同这两国的贸易权利。这两国的使节和商人到唐朝，一般在登州上岸[1]，这里有供他们宿泊的"新罗馆"或"渤海馆"（同书"开成五年三月二日"条）。因此，节度使和此地居住的新罗人关系密切，理所当然。相反，新罗人的自治应有节度使权力的介入。此外，新罗人的社会里，也设置里正、村正、板头等职，负责管理百姓（同书"开成四年七月廿八日"、"九月三日"条），与一般的汉人社区同置于相同的管理体制下。

《册府元龟》卷 976《外臣部·褒异》"后唐天成二年（927）三月乙卯"条记载："新罗国前登州都督府长［史?］张希岩、新罗国登州知后官本国金州司马李彦谟，并可简较右散骑尝侍。"这固然是五代时的情况，前一条史料表明，曾任命新罗人担任平卢军节度使辖下的登州都督府长史这般相当高级的官职；后一条史料中的"知后官"，据日野开三郎考证，乃五代时对上述登州新罗馆长的称呼，成为五代时期新罗馆仍然存在并接待往来商船的证据[2]。总之，这一官职是由新罗本国的官吏兼任的。而且，不论前者还是后者，中国王朝都给他们授官。

不管楚州还是在涟水县，新罗坊都设置总管监督坊内事务。涟水县此外还设置专知官（同书"会昌五年七月三日"、"九日"条）。楚州总管薛诠和刘慎言都与圆仁亲近，他们都是新罗人。楚州新罗坊的总管，同时也被称作"当州同十将"（同上"七月三日"条），同样兼任管辖此地的淮南节度使下的武将。坊内的百姓组织为"团"，设置"团头"（同书"大中元年六月五日"条）。"团"最初似乎是从军团组织产生的，在敦煌文书中，有僧侣、寺户等寺院组织，以及民间相互扶助的

---

〔1〕参阅曹东升《唐代的东方门户——登州》，载《唐史论丛》第 6 辑，西安，陕西人民出版社，1995 年。

〔2〕日野开三郎《新罗末期三国鼎立及其同大陆的海上交通贸易》第 40 页，《日野开三郎东洋史学论集》第 9 卷，三一书房，1984 年。

"社"的组织,《入唐求法巡礼行记》中也出现过长安的僧侣组织。[1]
从出现"团保"一词来看(《资治通鉴》卷 242"长庆二年"条,伯希和第
3379 号后周显德五年二月文书),唐初的五保制衰落后,从唐中叶开
始,它成为各种团体的连带责任制度。圆仁准备从楚州直接回国,虽然
总管和译语知道后给予帮助,但楚州城内的山阳县以及楚州官府不予
批准(《入唐求法巡礼行记》"会昌五年七月三日"条)。

在涟水县,圆仁与其旧知崔晕再会。崔晕曾经在张宝高手下担任
清海镇兵马使,因为张宝高被暗杀[2]而逃亡。他努力争取让涟水县新
罗坊总管接纳圆仁,但遭到专知官的反对。圆仁曾携有"筑前太守"
(或为日本筑前权守小野末嗣?)托他带给张宝高的信件,由于海难而
丢失了。圆仁将此经过写信给张宝高(《入唐求法巡礼行记》"开成五
年二月十七日"条)。现在,张宝高垮台了,新罗人之间的气氛颇为微
妙。为了留在新罗坊,坊的负责人必须向县令提交"领状"(同书"会昌
五年七月九日"条)。圆仁不得不放弃逗留涟水县的计划,他前往山
东,结果回到前述的楚州,在此雇船,踏上归国的旅途。根据圆仁的介
绍,新罗人的自治难免受到其上级的蕃镇、州、县的干涉。因此产生这
种自治和汉人团体一样,在唐朝政府地方组织或者唐朝地方行政管理
体系内运作的见解。[3]

此见解否定了新罗人之间存在着"治外法权",但是否妥当,有必
要进行探讨。所谓"治外法权",一般作为近代殖民主义的产物而加以
使用,近代以前的拜占庭帝国和伊斯兰世界,欧洲人早就以相同的形态
存在。[4] 后来逐步地发展演变,它成为近代殖民主义治外法权的先
河。必须注意的是,近代治外法权是近代国家从弱小国家夺取的"特

---

[1]参阅前引小野胜年著作第 3 卷,第 449 页注 17。

[2]关于张宝高(张保皋)被暗杀的时间,《三国史记·新罗本纪》作"文胜王八年(846)",而
《续日本后纪》"承和九年正月乙巳"条记载杀张宝高的阎丈的使者李少贞之言称:"宝高去年
(841)十一月中死去。"圆仁于涟水县和崔晕再度相会,时在会昌五年(845)七月,此时张宝高已
经被杀,可知《三国史记》系年有误。此事早经冈田正之前引论文指出。

[3]上引金文经、陈尚胜论文。

[4]"AMAN","IMTIYAZAT"in the Encyclopaedia of Islam, New Edition, Leiden, 1960。关于
此项,我从专门研究伊斯兰史的永田雄三先生获得复印件。

权",而近代以前类似于治外法权的形态,却是大国给予外国人的"恩典"。在中国,同样存在着是否给予外国人特别待遇的问题。

关于中国给予外国人的待遇,中田薰、仁井田陞先生早有论文发表[1]。中田先生列举了唐代给予外国人特别待遇的事例,而仁井田先生则认为这是属人法和属地法的交错,其根源在于中华思想。自古以来,中华帝国就将来降的夷狄以及归附的人等同汉人对待,保存夷狄的社会、风俗、制度,让其实行自治,称此政策为"羁縻"。唐朝等王朝对待来往于中国的外国人,其原则与此羁縻政策无异。[2] 当然,唐代还有"归化"一途,让外国人登记中国户籍,缴纳租税,与汉人一般对待。对于临时居住者,以及像蕃坊、新罗坊这种集体住民,其内部的管理交给他们的头领负责,允许有语言、风俗、信仰的自由,他们之间发生案件,则根据其本国的法律审判。这就是仁井田博士所说的属人法。问题是当他们和汉人以及其他国家的人发生纠纷时,则依据中国的法律来审判[3],这就是属地法。

仁井田先生列举了欧洲古代、中世对待外国人的事例。希腊概不承认外国人的权利和对他们的保护,中世的领主拥有将其领内的外国人作为隶民(serfs)的权利。在中世,沿岸的居民还拥有占取遇难船只,把漂流者作为奴隶的权利。对此,中国没有君主将外国人强制作为隶民的规定,相反,还保护漂流船和漂流者,大多将他们送回本国。中华思想在歧视异民族方面与欧洲无异,但却有着将异族置于皇帝德化之下的方面,可以说,这两个方面表现在羁縻政策和唐朝对国内外国人的待遇上。

这种国家政策,并非中华帝国固有的传统,如上述伊斯兰世界的事

---

〔1〕中田薰《唐代法中外国人的地位》,收于其著《法制史论集》第 3 卷,1943 年。仁井田陞《中华思想与属人法主义、属地法主义》,收于其著《中国法制史研究·刑法》,东京大学出版会,1959 年。

〔2〕前引《伊斯兰百科事典》中"IMTIYAZAT"项的执笔者强调,伊斯兰当局考虑通商利益,相互给予外国人特权。在中国,所依据的则是传统的统治外国人的政策,此须留意。

〔3〕唐朝的《名例律》规定:"诸化外人,同类自相犯者,各依本俗法。异类相犯者,以法律论。"宋代以后的《例》,参阅上引桑原骘藏著作第 97 页以下。

例所明白显示,在近代以前包含多民族的世界国家,在一定程度具有共同性,这点值得注意。随着近代民族国家的建立,国家主权强化,法也变成一律适用,另一方面,则对殖民地、附属国提出治外法权的要求。同时,形成少数民族问题和民族独立运动。

圆仁的行记里,记录下许多他在唐朝逗留或旅行期间同官府的交涉,因而涉及许多新罗人与其上级官府的关系。这种场合,适用的是属地法原则。关于新罗人社会内部的问题,除了赤山法花院的情况外,出乎意料地少见记述。圆仁能够在唐朝居留,靠的是山东地区的新罗人愿意接纳他,并为他而奔走努力。如果发生在汉人居住区域,没有人敢收留他这种偷渡入境者。这不仅仅是出于新罗人的好意,应该还与外国人社会比较自由的存在形态有关。然而,即使同为新罗人社会,涟水县新罗坊头领们商量的结果,却是不接纳他。此地的上级官府要求提交报告(据此掌握新罗坊的人口情况),但尊重新罗人的决定。由此可以窥见新罗人社会自治的一面。这种自治是接纳圆仁的根据,同样也是拒绝他的原因。

7.3　新罗人的海上活动与日唐交通

上一节里,我们根据圆仁的行记,了解到在唐新罗人的活动和新罗坊的存在等情况,接着,我们主要依据圆仁以外的记载,探讨其前后时代新罗人的活动。唐朝初期,朝鲜三国对立,高句丽和百济灭亡之后,很多高句丽人移居唐朝,他们中有些人成为唐朝的将军,有的则在皇帝身边侍奉。内藤俊辅曾对此进行过统计。但是,我们在此想探讨的是民间新罗人的情况。

新罗人的集团性迁徙、居留到底是从什么时候开始的呢？卞麟锡先生认为,蕃客的集中居住,始于唐玄宗天宝年间,以太和末年(835)为广州设置蕃坊的下限,推测新罗坊的设置年代早于广州蕃坊。但是,总的来看,没有必要将蕃坊和新罗坊的设置年代拉得那么迟。[1] 至少新罗人的活跃早就开始了。

藤间生大先生曾经引用过的《宋高僧传·唐新罗国义湘传》记载,总章二年(669),义湘乘商船在登州上岸,来到唐朝,乞食至"一信士"家。逗留一段时间后到长安游学,再次回到"文登旧檀越"家中,寻找商船回国。登州早就是新罗船只到岸的地点,照顾义湘的是文登县的佛教信徒,大概是新罗人。那么,包括赤山村在内的文登县附近地区,非常早就有新罗人居住了。而且,还有商船来往。唐朝建国后半世纪,新罗正要完成统一朝鲜半岛之时,已经出现民间商船的活动了。

记载此事的是宋朝人,故"商船"一词也许是用后世的用语来记述的。义湘不同于伴随新罗使节入唐的留学僧,可以想象,他搭乘的是往来于唐朝和新罗之间的民船。由此看来,新罗人定居于离新罗最近的山东沿岸地区是顺理成章的。圆仁所处的时代,距此要晚很多,所以义湘的事迹表明这一地区早有佛教信徒,而且,就其地理环境来看,可以推论他们中间有许多人从事唐与新罗之间的交通、运输和通商活动。

隋代日本向中国派遣的留学生,从唐初开始陆续回国,他们都取道新罗,经常与新罗和日本之间的使节同行。往来于唐和新罗之间的是什么样的船只呢? 这一点,并不清楚。新罗使节频繁入唐,如果帮助日本留学生回国与新罗的外交政策有关系的话,那么,乘坐的应该是使船。唐显庆二年(657),日本曾要求让留学僧智达等人入唐,由于正是日本和新罗关系恶化的时期,所以遭到新罗的拒绝。翌年,智达等人搭乘"新罗船"入唐(《日本书纪》"齐明三年"、"四年"条)。大概在此之前经常是搭乘新罗使船,因为遭到拒绝,所以后来所乘的新罗船应是民船。和《宋高僧传》相比,这应是更早期的民间商船事例。

武则天文明元年(684),在扬州起兵的李敬业,据说曾打算自海陵

---

[1]卞麟锡先生引用的范邦瑾前引《唐代蕃坊考略》,转引了《天下郡国利病书》所引用的《投荒录》,证明迄止太和年间出现了蕃坊。另外,《宋高僧传·释不空传》记载,开元年间番禺地界存在着番客大首领,"设市区,以蛮夷来贡者为市"(《天下郡国利病书》12)。据此也可以推测,大概在开元年间,已经开始出现了番客的自治。

欧·亚·历·史·文·化·文·库·

(江苏)渡海逃往"高丽"(《册府元龟》卷358《将帅部·立功》)。由于高句丽业已灭亡,故日野开三郎先生认为指的是高句丽故地的新罗国内,这不由地使人想到当时中国和朝鲜半岛有海路开通,船舶往来其间[1]。这条海路不是由上述山东出发,而是由江南出发。江南和新罗之间,有着海上通道。

根据《唐大和尚东征传》,鉴真与其弟子策划东渡日本,天宝初(742),他们在扬州造了最初的船只。当时,海盗吴令光抢掠台州、温州、明州一带海面(参阅《旧唐书·玄宗纪》"天宝三载四月"条、《资治通鉴》同年"二月"条等),故鉴真等人遭诬告,被怀疑勾结海盗,东渡失败。翌年,他们购买了岭南道采访使的军船,雇用水手18人出海,因风浪和被告发,再次失败。天宝七年,他们在扬州造船出发,却漂流到海南岛,历尽艰辛,鉴真双目失明,这些事迹早已广为人知。最后一次在天宝十二年(753),他们从扬州出发,终于圆了东渡日本的梦想。唐朝《卫禁律》规定,"诸越度缘边关塞者,徒二年",《开元户部格》规定,"仍令边州关津镇戍,严加捉搦",禁止未经许可私自出国。仔细阅读上引法律条文,这些虽然是针对陆路越境的法律,但也应适用于沿海地区私自到海外的行为。鉴真一行的行为违反了禁令,所以受到揭发和监视。尽管如此,他们还是成功地获得船只,雇用水手,东渡日本。显然,由于海上交通的繁盛,造成这些禁令的松弛。

据记载,江南地区海盗横行。从世界各地的事例来看,海盗也具有海商的一面,他们武装抵抗政府的禁令。此前的开元二十年(732),渤海将领张文休曾率领"海贼"进攻山东登州(《旧唐书·渤海传》)。在圆仁等人的记录中,也可见到渤海商人的情况,从中亦可了解到海盗的存在。由此可知,开元、天宝之间,中国整个海域都有海盗出没。"安史之乱"以后,情况变得更加严重。[2]

《唐会要》卷86"奴婢"项收录了长庆元年(821)三月平卢军节度

---

[1]上引日野开三郎著作第32页。
[2]参阅小野胜年《圆仁和新罗人》(收于其著《入唐求法巡礼行记的研究》第4卷)注17。

使薛平上奏、长庆三年（823）正月新罗国使金柱弼进奏、大和二年（828）十月的敕令和奏书、关于海盗买卖新罗奴隶的奏文。这几件原文，玉井是博和其他先生已有引用[1]，故此仅论述相关的部分。

薛平的奏文称，海盗掳掠新罗人，在其管内的登州、莱州及其他沿海诸道，卖作奴婢。文中说："先有制敕禁断"，可知以前曾发布过禁令，大概指的是《册府元龟》卷42《帝王部·仁慈》"元和十一年（816）"条所记载的："禁以新罗为生口，令近界州府长吏切加提举。以其国宿卫王子金长廉状陈，故有是命。"在唐朝，"生口"一般指良民，对于奴隶也有"卖生口"的说法，此处"生口"直接指奴隶。

根据薛平上奏，平卢地区长期与唐朝敌对，所以不守法度。该地区自永泰元年（765）李正己掌握平卢军节度使（淄青节度使）以来，不听唐朝命令，到元和十四年（819）李师道灭亡为止，一直由李氏世袭统治。如前面介绍，李氏原为高句丽人，曾经兼任押新罗渤海两蕃等使。他管理着与新罗的贸易，也参与奴隶买卖，获取暴利。李师道灭亡后，其辖地被分割，淄、青、齐、登、莱等沿海五州归平卢军，任命薛平掌管，因为奴隶贸易在此时代仍在继续，所以他上奏请求再下明令禁止。其后，大和二年上奏称，长庆元年三月十一日颁发过敕令，可知薛平的上奏即刻被采纳。

《旧唐书·新罗传》记载，元和十一年（816）"是岁，新罗饥，其众一百七十人求食于浙东"。根据《三国史记》介绍，新罗国势衰落后，这样的饥馑一再发生，这种状况加速了因良民卖身而形成的奴隶买卖。

长庆三年新罗国使金柱弼的进状称，据先前敕令解放的奴婢，寄食于沿海乡村，希望若有便船，准许他们回国，州县不要限制出国。对此奏文，朝廷发出敕旨，《唐会要》一并收录。然而，虽然采取了以上措施，但根据大和二年的敕令和上奏，买卖奴隶的情况仍在继续。

而且，在这种情况下，又出现了张宝高（张保皋、弓福）。如前所

---

[1]玉井是博《论唐代的外国奴——特别是新罗奴》，收入其著《中国社会经济史研究》，岩波书店，1942年；前引日野开三郎论文等。

述,他到唐朝后曾在徐州武宁军节度使麾下充当小将,回国后面谒国王,申请道:"遍中国以新罗人为奴婢,愿得镇清海,使贼不得掠人西去。"国王果然拜他为清海镇大使,据海路要冲莞岛。结果"自大和后,海上无鬻新罗人者"(《樊川文集·张保皋、郑年传》)。根据《三国史记·新罗本纪》,张宝高似在兴德王三年(828)左右当上清海镇大使。[1] 此后不久,鬻卖新罗人的现象绝迹,说明他垄断了海上交通贸易。[2] 如前所述,圆仁在山东赤山村与张宝高的贸易船相遇,并与其兵马使兼大唐卖物使崔晕相识,后来,他听说崔晕的船只从扬州再来赤山西面的乳山浦,便通过崔氏把书信转交给张宝高(《入唐求法巡礼行记》"开成五年二月十五日"、"十七日"条,此处称崔晕为"崔押衙")。由此可知,张宝高的船只航行于从山东到南方的扬州的广阔海域。张宝高的使者也来到日本,《续日本后纪》"承和七年(840)十二月己巳"条记载:"大宰府言,蕃外新罗臣张宝高,遣使献方物。即从镇西追却焉。为人臣无外之交也。"按照日本官吏的说法,新罗的臣下不应随便与外国交往。新罗内乱驱使人们进行这类活动,对于处在衰落过程中的古代国家的官僚而言,这并非他人之事。同书翌年"二月戊辰"条还记载,太政官命令大宰府退还张宝高的贡物,但同时又下令:"其随身物者,任听民间令得交关。但莫令人民违失沽价,竞倾家资。亦加优恤,给程粮,并依承前之例。"虽然不承认其为正式使节,却允许进行民间交易,还给使者粮食,让他们回国。显然,对于日本而言,无法抑制民间贸易的需求。此后,似乎张宝高的子弟和部下还派遣"回易使"李

〔1〕由于《三国史记》所记张保皋被暗杀的时间有误(参阅本书第148页注〔2〕),所以其上任的时间也不尽可靠,《入唐求法巡礼行记》"会昌五年九月廿二日"条记载,新罗还俗僧李信惠在日本大宰府住了八年,"张大使天长元年(824)到日本,回时付船,却归唐国"。从前后文看,此处的"张大使"应为张保皋,由此可知,张保皋本人或其使者曾于824年到过日本。这有可能是张保皋当上清海镇大使后派遣的使者。

〔2〕圆仁打算在山东上岸之初,曾遇到自称从密州满载木炭驶往楚州的新罗船只,其行记说:"僧等在此绝涧,忽逢斯等,不知所为。所资随身物乃至食物,惣与船人,不留一物。更恐谓有金物,同心杀害。"《慈觉大师传》也记载:"俄会海贼十余人。"此前两三天,发生了遣唐使船回国航路上的争议,《入唐求法巡礼行记》"开成四年四月二日"条记载,第二船头说:"更向大珠山,专入贼地。"大珠山大约在今青岛南面,可见山东沿岸为海盗(同时也是商人)横行之地。从地域上分析,此海盗不会与张保皋无缘。

忠、杨圆等人前来交易(同书"承和九年正月乙巳"条)。[1]

上述圆仁给张宝高的信件也在开成五年,亦即签署的日期为840年。其中讲到,前年圆仁从日本出发时,持有"筑前太守"给张宝高的书翰。此"筑前太守"似为837年到839年任筑前权守的小野末嗣,故可推测,在《续日本后纪》的记载之前,张宝高就与日本人有贸易往来。

《入唐求法巡礼行记》"会昌五年(845)九月廿二日"条记载了住在赤山寺庄的新罗还俗僧李信惠,说他在日本大宰府居住8年,"须井宫为筑前国太守之时,哀恤斯人等"。据此可知大宰府不限于李信惠,还有其他新罗人居住,兼任筑前国司的大宰府长官和这些外国居留者有接触。关于李信惠,书中记载道:"张大使天长元年(824)到日本国,回时付船,却归唐国。"从前后文推断,这里的"张大使"应该就是张宝高,可知张宝高在824年已经来过日本。或许他也是须井宫哀恤的人之一。[2] 此时在《三国史记》记载张宝高任清海镇大使之前,此记载如果正确,则表明此时日本大宰府和中国山东之间业已由张宝高之手而联系在一起。

当然,在张宝高之前,新罗人的海上活动已经影响到日本。前面已经介绍过,在7世纪,日本僧人是搭乘新罗船到唐朝的,《日本后纪》"弘仁二年(811)八月甲戌"条记载:"大宰府言,新罗人金巴兄、金乘弟、金小巴等三人申云,去年被差本县运谷,海中逢贼,同伴尽没。唯已

---

〔1〕李忠等人是张宝高或其子弟、部下于承和八年(841)派遣而来的。翌年杀死张宝高的阎丈派李少贞前来,要求退还李忠一行的货物。在日本,文室宫田麻吕得知张宝高的死讯后,将李忠一行的货物扣押,以充此前预付的购买唐物款项。日本朝廷怀疑李少贞提出的要意在掠夺李忠的货物,而且,对于当时的日本统治者来说,扣押李忠的货物,将绝必须予以保证的商贾之权,所以命令将货物退还给李忠,支给粮食,让他们回国(《续日本后纪》"承和九年正月乙巳"条)。翌年,文室宫田麻吕被告谋反,判处流刑(同书"承和十年十二月丙子"条)。关于文室宫田麻吕,可参阅户田芳实《日本领主制成立史的研究》,岩波书店,1967年,第133页以下,松原弘宣《论文室朝臣宫田麻吕》,续日本纪研究会编《续日本纪的时代》,确书房,1994年。

〔2〕佐伯有清《最后的遣唐使》(讲谈社现代新书,1978年)第150页说:"圆仁记载了张宝高在天长元年(824)东渡日本,与筑前太守须井宫结识的情况。"这是作者考证的结果,圆仁并没有这般直接的记述。佐伯先生接着推测,当时任大宰大贰的小野岑守肯定也认识张宝高,其子小野篁(圆仁入唐时任遣唐副使,中途辞职)也熟知张宝高的活动情况,并与张宝高手下的新罗商人有交往。一般认为,小野末嗣为小野篁的近亲。前引小野胜年著作第4卷第241页注4推测须井宫或为筑前介荣井王。

·欧·亚·历·史·文·化·文·库·

等幸赖天佑,傥着圣邦。云云。"由于新罗附近海盗猖獗,使得新罗人漂流到日本。《日本后纪》"弘仁五年(814)十月丙辰"条记载:"新罗商人卅一人,漂着于长门国丰浦郡。"这是新罗商船遇海难的事例。上述新罗僧李信惠在遇到张宝高之前,在日本大宰府住了8年,故应在815或816年到日本。称其为还俗僧,是因为遇见圆仁时,已经历了会昌灭佛。在此之前,圆仁到赤山村时,曾经遇到法空阇梨,他从日本回来已经20年(《入唐求法巡礼行记》"开成四年七月十四日"条,839年),故应在819年前后到日本。[1] 他们都是以僧侣身份到日本居留的,所乘坐的大概是新罗船。由此可知,在张宝高之前,日本和山东之间已有航路连通。

《日本纪略》"弘仁十年(819)六月壬戌"条记载:"大唐越州人周光翰、言升则等,乘新罗人船来。"向他们打听唐朝的消息,获悉山东平卢节度使李师道反叛,战乱正炽。这场动乱对于在唐新罗人来说,无疑是令其不得安宁的事件。同书翌年四月戊戌条记载:"唐人李少贞等二十人,漂着出羽国。"李少贞就是在《续日本后纪》"承和九年(842)正月乙巳"条中出现的"新罗人李少贞等",他作为暗杀张宝高的阎丈(阎长)的使者,到过日本。所以,日本记载中的"唐人"或"唐国商人",应包含在唐新罗人。李少贞大概开始时也是在唐朝的新罗商人,张宝高控制商业航路后,他成为其下属,张宝高死后,又成了阎丈的部下。

当初圆仁随同遣唐使渡海入唐到达扬州时,曾遇见"新罗人王请",他与"唐人张觉济"等人同船,为做"交易"而从扬州出海。开始也许是想到新罗做生意,但后来却遭遇大风浪"南流",在日本弘仁十年(819)漂流至出羽国,此后,他离开出羽,转徙至长门国后回国(《入唐求法巡礼行记》"开成四年正月八日"条)。这与前述越州周光翰搭乘新罗船来日同年,可知即使在越州、扬州等南方地区,也有新罗人活动的踪迹。这些可视为新罗人和中国商人携手的事例,在人们认为早期新罗人占据优势的东方海域的贸易活动中,中国商人也参加进来了。

---

[1]参阅森克己《慈觉大师与新罗人》,福井康顺编《慈觉大师研究》,天台学会,1964年。

《类聚三代格》"夷俘并外蕃人事"项,收录了两件有关同新罗人交易的太政官符。其一题为《应检领新罗人交关物事》,据此天长八年(831)官符,当时民间的贸易似乎是自由进行的,故在严加禁止的同时,"商人来着,船上杂物一色已上,简定适用之物,附驿进上。不适之色,府官检察,遍令交易,其值贵贱,一依估价。云云"。这与当时中国的情况相同,官府拥有优先购买的权利,而后在官府的监督下准许民间交易。

第二件承和九年(842)官符是在获悉张宝高垮台后随即发出的,题为《应放还入境新罗人事》,表现出对新罗人动向的警惕。如前所述,因为同张宝高的贸易是在体制外进行的,所以政府一直保持警惕。自上个世纪以来,日本和新罗之间的国家关系不断恶化,日本的律令体制发生动摇,所以日本政府对新罗人更加警惕[1]。此官符称:"商贾之辈飞帆来着,所赍之物,任听民间令得回易,了即放却。但不得安置鸿胪以给食。"同样允许进行民间贸易,交易完毕,即遣回国,禁止像以前那样允许他们在大宰府逗留[2]。政府如此警惕的背面,是民间商人来往的频繁和贸易的兴盛,商业需求把贵族统治阶层也卷了进去,使得政府不得不予以认可,这种现实状况,深值注意。

但是,这些是针对新罗人的法令,对于来自唐朝的中国商人,是允许他们逗留的。天安二年(858)前后,从唐朝回国的圆珍在大宰府鸿胪馆,与"唐客"高奉、蔡辅、李达、詹景全等人作诗酬答(《唐人送别诗》)。这些人应该都是商人,其中,蔡辅的身份为"大唐客管道衙前散将"。此头衔似乎是贸易商头领从唐政府或藩镇那里得到的,因为还

---

〔1〕参阅佐伯有清《九世纪的日本与朝鲜》,收于其著《日本古代的政治与社会》,吉川弘文馆,1970年;远藤元男《贞观时期的日罗关系》,载《骏台史学》19,1966年。

〔2〕根据《三代实录》"贞观十一年六月十五日辛丑"条的记载,贞观十一年(869)五月,新罗海盗曾来博多津抢掠丰前国的年贡,为此,翌年朝廷敕令大宰府将"新罗人润清、宣坚等卅人及元来居止管内之辈"送入京城,最后将他们迁于陆奥空闲之地。关于润清等人,敕中说道:"润清等久事交关,侨寄此地。"(同书"贞观十二年二月廿五日壬寅"条)实际上,一直到后世,大宰府仍居住着相当多的新罗商人。

有其他事例,故可知当时商人中有些人得到政府权力的支持。[1] 他们当中,有些人也就在博多住了下来。[2]

前面说过,实际上最后的遣唐使藤原常嗣一行是雇九艘新罗船回国的。这批新罗船返回中国时,僧人惠萼及其弟子顺便搭乘,于841年(会昌元年)到达楚州。惠萼巡礼五台山后,在翌年春乘坐李邻德四郎的船只从明州(宁波)回国,据说后来还装载贡物前往唐朝。李邻德的船从日本回中国时,顺便搭载圆仁的弟子性海等人,携带太政官、延历寺牒,以及其他文书、黄金等物到扬州。这些情况因圆仁的记载而得以获悉(《入唐求法巡礼行记》"会昌二年五月廿五日"、"会昌六年正月九日"、"会昌六年三月九日"、"会昌六年十月二日"等条)。圆仁还听说,843年(会昌三年)九月同为留学僧的圆载遣弟子二人从楚州回日本;845年(会昌五年)七月有两艘来自日本的船只抵达常州,此或为送圆载弟子后返回的船只。他还听说,再次入唐的惠萼因会昌废佛而还俗,居住在楚州。这些都是通过在楚州的新罗人获得的消息(同书"会昌三年十二月"、"会昌五年七月五日"条)。

据《续日本后纪》记载,圆载的弟子叫仁好、顺昌,他们于日本承和十年(843)和新罗人张公靖等26人来到长门,翌年,日本朝廷托他们把支给圆仁、圆载的旅费黄金200小两带到唐朝("承和十年十二月癸亥"、"承和十一年七月癸未"条)。在此之前,镇西府观音寺讲师兼筑前国讲师惠运曾于承和九年(会昌二年,842)搭乘"大唐商客"李处人的船只,前往唐朝,并于承和十四年(大中元年,847)乘坐"唐人"张友

---

[1]小野胜年《入唐求法行历的研究》下,法藏馆,1983年,第387页注6。石井正敏《十世纪的国际变动和日宋贸易》,新版古代的日本2《从亚洲看古代日本》,角川书店,1992年。石井先生以唐朝商人徐公直为婺州或苏州"衙前散将"为例,并引用《资治通鉴》卷247"会昌三年四月"条所记载的"大商皆假以牙职,使道通好诸道,因为贩易"为证。后面一条也见于《新唐书·藩镇传》,说的是昭义节度使刘从谏的情况。从这些事例来看,商人取得藩镇牙职的现象似乎相当普遍。

[2]参阅川添昭二编《回顾中世(1)东亚国际都市博多》,平凡社,1988年。南宋乾道三年(1167),明州(今宁波)某寺院为了修理朝拜道路而获得居住在博多的三位华侨的捐赠,记载此事的刻石现嵌藏于宁波天一阁尊经阁墙上(袁文璧、林士民《宁波现存日本国大宰府博多津华侨刻石之研究》,《文物》1985-7)。博多和宁波,是宋代连接日中两国的主要航道。

信的船只从明州回国(《平安遗文》1,《安详寺伽蓝绿资起财帐》)。根据《续日本后纪》,此船似乎也搭载圆载的弟子仁好和惠萼回国。同行的有"唐人"张友信等 47 人("承和十四年七月辛未"条)。另外还获悉,圆仁在这一年和春大郎(春日宅成)、神一郎(大神巳井)等人乘明州张支信的船只回国("大中元年六月九日"条)。张支信就是张友信,其船只搭载许多回国者。如前所述,圆仁本人也在 847 年(大中元年,承和十四年)乘坐新罗人的船只回国。[1]

　　日本停止派遣遣唐使之后,亦即进入唐朝后期,新罗船和唐船相继来到日本,日本也利用这些船只,搭乘相当数量的人前往唐朝,他们主要是僧侣。木宫泰彦《日中交通史》上卷设立《遣唐使废止后的日唐交通》一章,登录了惠萼以后至唐末的《日唐往来船舶一览表》。[2] 里面记载了 37 次船舶往返、24 个外国船主、25 个入唐僧和 2 个俗人。但是,没有收录圆珍入唐时同行的"大唐商客"王超、李延孝船,圆珍回国时在太宰府交流的上述"唐客"的姓名,以及圆载回国时沉没的李延孝、詹景全的船只等[3]。当然,也没有记录与新罗的交往。其详情可以通过田岛公《日本、中国、朝鲜对外交流史年表(稿)——大宝元年~文治元年》[4]得到补充了解。圆仁之后最有名的僧侣是圆珍。有关圆珍的资料,集中收录于小野胜年所著《入唐求法行历的研究》里[5]。在船主当中,特别经常往来于日唐之间的是李延孝,近年,黄约瑟先生对

　　〔1〕《续日本后纪》"承和十四年十月甲午"条记载:"遣唐天台请益僧圆仁及弟子二人、唐人卅二人,到自大唐。"《入唐求法巡礼记》"大中元年十月六日"条记载:"借得官库绢八十疋、绵二百屯,给船上四十四人冬衣";同月"十九日"条记载:"太政官符来太宰府。'圆仁五人速令入京,唐人金珍等卅四人,仰太宰府量加支给者。'"《慈觉大师传》记载:"国家特降敕命,存问旅怀。又唐客四十余人,赐衣粮。是赏将大师归本朝。"支给冬衣者的记载各异。在人数上,前述张友信船同行者记作 47 人,大致上为一艘船的载客数。

　　〔2〕木宫泰彦《日中交通史》上卷,金刺芳流堂,1926 年。

　　〔3〕虽然不像圆仁、圆珍那般优秀,却在中国居留最久的圆载,宫崎市定《留唐外史》(收入其著《日出之国与日暮之处》,星野书店,1943 年;《亚洲史论考》上,朝日新闻社,1976 年;中公文库,1997 年;《宫崎市定全集》第 22 卷)对其生涯和命运,作了颇有意思的叙述。

　　〔4〕奈良县立橿原考古学研究所编《奈良、平安的中国陶瓷》别册,便利堂,1990 年。

　　〔5〕小野胜年《入唐求法行历的研究 智证大师圆珍篇》上下,法藏馆,1982、1983 年。

此发表了专论[1]。

新罗人的海上活动,也许可以张宝高为其鼎盛时期。日野开三郎先生推测,张宝高的没落,其背后是反对禁止奴隶贸易的海上豪强阶层的意志在起作用[2]。所以,张宝高没落后,新罗人仍然继续从事海上活动,随着中国国内商业的发展,中国商船逐步扩展,不久以后,大概可以圆仁回国的年代为界,中国商船取代新罗,占据优势[3]。在日本的记载中,中国商人被称作"大唐商客"、"大唐商人",饶有意思的是前述李延孝,他一方面被称作"大唐商客",但在圆珍的记载中,他与同行的船主李英觉又被称作"渤海国商主"(前引小野胜年著作第370页《乞台州公验状》)。圆仁到达中国时,已有渤海商船在山东港口靠岸(《入唐求法巡礼行记》"开成四年八月十三日"条)。根据圆珍的记载,渤海人也和新罗人一样居住在唐朝国内,从事东方海域的贸易活动。

7.4 在唐新罗人的后裔

如果说,古代东亚国际关系以国家间的使节往来和朝贡形式为主,

〔1〕黄约瑟《"大唐商人"李延孝与九世纪中日关系》,载《历史研究》1993 - 4。

〔2〕前引日野开三郎著作第171页。

〔3〕此后,新罗与日本的往来并没有绝迹,前(第157页注〔2〕)述869年新罗海盗袭击博多,以及日本对此做出的反应,皆可为证。从这个时候开始,出现新罗海盗的情报。878年(元庆二年)和880年(元庆四年),传言"新罗凶贼"、"凶将"来袭(《三代实录》"元庆二年十二月廿四日"、"元庆四年五月十三日"条);893年(宽平五年),传言"新罗贼"袭击肥前松浦郡和肥后饱田郡(《日本纪略》同年"五月廿二日"、"闰五月三日"条);翌年,传说"新罗贼徒"侵寇对马(《日本纪略》"宽平六年四月十四日",《扶桑略记》"宽平六年九月五日"条);这些同以往的海盗不同,可视为新罗末期国内民众反抗之一环。而且,这时期日本捕获的将军中,据说有一位"大唐"人,而日本的对马、五岛列岛的人民和新罗人之间也有交流(山内晋次《九世纪东亚民众的迁移与交流——以寇贼、叛乱为主要题材》,载《历史评论》555,1996年)。此前的866年(贞观八年),有人告密说,肥前基肆郡人与新罗人一起渡海到新罗,向新罗人学习制造兵器的技术,企图夺取对马(《三代实录》"贞观八年七月十五日"条)。870年(贞观十二年),有告密者称,大宰少贰藤原元利万侣和新罗国王密谋损害国家(同上书,同年十一月十三日条)。从以上诸例可以推测,新罗海盗也有日本人参与其中(旗田巍《十~十二世纪的东亚与日本》,《岩波讲座日本历史》古代4,1962年)。新罗人、唐人、渤海人超越国界结合在一起的情况,在以前的海商中曾经见过,在古代末期又为海盗所继承,甚至还有日本人参加,或许可以说形成了中世所谓"marginal man"的先驱。参阅村井章介《中世倭人传》,岩波新书,1993年。

那么，中世则以频繁的民间商人的贸易活动和人民的交流为特征。[1]由此来看，唐中叶以后始于新罗人的东方海上贸易，和以伊斯兰商人为主的南海贸易相呼应，成为中世民间交流活动的先行者。

此后，居住在唐朝的新罗人的情况如何呢？

唐代来到中国南部的伊斯兰商人，其居住地——蕃坊的历史，在宋代以后越发清晰可见。相比之下，新罗人的情况在通常的纪录中却变得踪迹难觅。清代的《登州府志》或民国时代的《牟平县志》收录了《唐无染院碑》，日期为光化四年（901）三月，列示了修建此寺塔的"鸡林金清押衙"的名字，记载道："家别榑桑，身来青社，贷游鄞水，心向金田。""鸡林"乃新罗，"押衙"为藩镇武职，"榑桑"即扶桑，这里指的应是新罗[2]，"青社"就是山东[3]，"鄞水"指明州，"金田"为佛寺。由此可知，直到唐朝末年，仍有新罗商人隶属于山东的藩镇，贩运行销至江南地区。

1989年，吉林省社会科学院的刘永智先生徒步探寻山东、江苏等地的新罗人遗迹，虽然没有找到新罗坊的遗址，但在淮安市（唐代楚州）城外、海州城、诸县（唐代密州）城外和扬州等四个地方发现了被称作"高丽馆"的遗址[4]。"高丽"一称，有时也用于指"高句丽"，在此情况下，则应属于唐代的遗址，然而，对旅途见闻一一详加记载的圆仁，对此却根本没有涉及。所以，将其视为新罗灭亡后的高丽时代（相当于中国的宋、元、明三代）的遗址，似更妥当。如此，则表明在此时代山东、江苏等地居住着众多的朝鲜族人，他们应可看作是唐代新罗人的后裔。

本章主要探讨在唐新罗人在东方海域的商业活动，新罗人开始定

〔1〕参阅堀敏一《如何建构东亚历史的面貌》、《近代以前的东亚世界》，发表于1963年，收入其著《律令制与东亚世界》，汲古书院，1994年。

〔2〕刘永智《山东省文登市昆仑山无染寺（院）系新罗人金清资助所建造》（收于前引《中朝关系史研究》）认为，唐代"扶桑"指新罗，以后才指日本。然而，王维赠阿倍仲麻吕诗："乡树扶桑外，主人孤岛中，别离方异域，音信若为通。"看来，唐代所说的扶桑，既可指日本，也可指新罗。

〔3〕刘永智认为"青社"为文登县青宁乡。但是，前引陈尚胜论文引用《史记·三王世家》"索隐"之"齐在东方，故云青社"一句，指出"青社"指的是齐，也就是山东，其说是。

〔4〕刘永智《新罗坊等遗迹的调查与研究》，收于前引其著作中。

居于唐朝,是其海上商业活动的结果。与此相关联,本章还论述了初期新罗商船的通航、中期的奴隶贸易和张宝高对海上交通的垄断,日野开三郎先生也曾经论述过新罗商人的活动。在新罗到高丽的王朝嬗替之际,居住在中国的旧新罗人与其本国的关系如何,不得而知。中国新王朝宋朝建立之后,高丽前来朝贡,《宋史·高丽传》记载:宋大中祥符八年(1015),"诏登州置馆于海次,以待使者"。从这道诏令来看,宋朝继承了唐的新罗馆,仍在登州设馆,接待国家使节。但是,山东靠近契丹,朝贡受到阻碍,所以后来转为从明州入贡。或许因为如此,故居住在山东的旧新罗人与其本国的关系逐渐疏远,而朝着同化于中国人的方向发展。

从唐末开始,东方海域的贸易活动,在中国国内商业发达的背景下,多由中国商人进行。与新罗人、中国人的活跃相反,我们几乎看不到日本船只的活动,这究竟为何?将它归结为该时期社会发展的落后性是否妥当?或者应从庄园形成,以及封建领主制形成时期自然经济占主导地位这种质的差异去理解?我想这将是需要继续研究的课题。尽管如此,在日本平安末期,亦即12世纪前后,日本商人也向海外扩张,后来还出现了众所周知的倭寇,威胁到高丽和元朝。

在日本,早期虽然未见商人、商船的海上活动,但是,在停止派出遣唐使之后,许多僧侣依然前往唐朝,有时日本朝廷也会给他们送去黄金等物以充旅费。本章讨论了这些问题。这些人当然是为了学习而漂洋渡海的,然而他们带回来的不仅是与佛教有关的文物,还带回了有关中国局势的报告,发挥了政治作用。在唐僧人中瓘的报告对正式决定停止派出遣唐使的影响,是最为典型的事例。[1] 僧侣所起的作用,在后来的日宋关系中依然存在。当然,他们渡海时仍然依赖于朝鲜或中国的商船,但是,和商人的贸易活动不同,由于日、朝、中僧侣的文化活动,形成了一个共同的文化圈。它或许以同国家政策关系紧密的交流为前

---

〔1〕参阅铃木靖民《关于停止派出遣唐使的基础研究》,收于其著《古代对外关系史的研究》,吉川弘文馆,1985年。

提,但不同于古代,而形成比较自立的文化圈。对此问题的探索,眼下笔者尚有力不能及之处,所以仅限于将问题提了出来。

索　引

A

阿知使主　124,125
安义公主　27
安岳三号坟　120
岸俊男　123
奥田尚　79

B

八木充　50,57
白村江（白江）　50,57－61,
　　63,66,67,82,134
白籍　126,127
白鸟库吉　8,102
坂本太郎　76,82
坂合部大分　84,85
坂上苅田麻吕　125
板泽武雄　70
保科富士男　99
卑弥呼　119,123
北周　8,24,26,40
本居宣长　76
本位田菊士　85

卞麟锡　143,146,150
滨口重国　24,133
滨田耕策　107
滨田正美　9
滨下武志　6
波斯　16,62,87
波斯商人　15,16,18
渤海　1,5,7,9,12－14,16,19,
　　68,70,78,85,86,89,92
　　－96,98－109,128,138
　　－140,145,147,152,
　　153,160
渤海使　86,93－96,99,100,
　　104－109
布山和男　45,60
部曲　140

C

曹东升　147
册封体制论　4,10,12,23,40
岑仲勉　27,28
朝贡　1,6,7,11,13,15－17,24
　　－29,31,34,35,38,40,
　　44,47,50,57,58,64,65,

71,72,74,77,85,87,90,
91,100,102 - 105,121,
123,124,134,136,138,
141,142,160,162

朝贡国　　17,37,57,83,84,87,
94,142

朝贡使　　6,17,58

朝贡体制　　6,58

朝聘使　　29

臣属关系　　17,104

陈大德　　48

陈尚胜　　143,148,161

陈寅恪　　127,133

池内宏　　57,61 - 63,66,82

池田温　　36

赤山村　　19,143,144,146,151,
154,156

楚州　　19,143 - 148,154,158,
161

川本芳昭　　113

川添昭二　　158

崔悰　　120,121,128

崔晕　　145,148,154

村井章介　　160

D

大宝律令　　68,84,135

大和岩雄　　66,73

大化革新　　38,43,46,49,50,
58,80,82

大皇　　37,80

大桥一章　　75,81

大唐商客　　158 - 160

大唐商人　　159,160

大庭修　　30,63

大王　　13,35 - 37,74,75,80,
81,91,101,119

带方郡　　11,24,47,119,123

稻荷山古坟　　36,74

德兴里古坟　　121

登州　　144,146,147,151 - 153,
161,162

氏　　114 - 117,126

东亚世界　　1 - 12,16,17,19,
23,24,31,61,75,
78,88,100,111,
113,143,160

东亚文化圈　　5,7,8

东野治之圈　　37,73,80

都加使主　　124

都蓝可汗　　27,33

渡来人　　113

对马　　44,59 - 61,65,66,82,
92,106,142,160

多治比广成　　85

多治比县守　　84

E

二王尺牍　78,79

F

J. K. Fairbank　6

法花院　19,144,145,150

法兴王　41,136,138

蕃　14,16,18,34,45,62,85,
92,94,101,106,107,147,
148,150,153,154,157

蕃长　18,146

蕃坊　18,19,146,149,150,161

蕃国　17,93,94

蕃域　17,87,142

反正天皇　13,74

范邦瑾　146,150

飞鸟净御原令　68,135

丰璋　49,51,56,57,82

佛教　3－5,7,9,12,19,23,37,
42,52,73,113,143,151,
162

扶余　46,51,65,101－104,
113,120

扶余隆　59,60,62

苻坚　116,131,132

福井康顺　156

福山敏男　80

榑桑　161

父子关系　16,93

赋役令　140

G

冈崎敬　121,122

冈田正之　143,148

高宝宁　8,26

高表仁　36,44－47,52,82,91

高崇　128

高丽馆　161

高明士　5

高桥善太郎　78

高田根麻吕　52

高向汉人玄理　38,52,54

高元度　87,100

高瞻　128

公地公民制　140

公孙氏　119,123

宫崎市定　37,40,80,159

宫田俊彦　80

古畑彻　64,67,86,98,104

谷川道雄　129

关市　15,142

官品　24,99,136－139,141

官品令　138

官职　12,14,121,122,138,

139,141,147

官制　134,139

冠位十二阶　31,37,41,138

归化　18,149

归化人　113,114

鬼头清明　23,24,27,44,48,
　　　50,55,58

郭务悰　59-62,65-68,82,83

国际秩序　14,57

国家秩序　89

国书　7,9,35-37,51,58,66,
　　　67,69-99,101,102,
　　　105,107-109

H

韩昇　1,40,42,56,59,60,113,
　　　123,125

汉人　11,58,113,116-122,
　　　128,147-150

汉氏　114

汉字　4,5,7,8,12

和蕃公主　12,14,16

和亲政策　12

和田清　1,77,103

河内鲸　65

黑水靺鞨　98

弘仁格式　134,135

洪吉亮　130

鸿胪馆　157

侯准　118

胡礼忠　7

互市　7,15,142

户令　140

华夷观念（中华思想）　2,11,
　　　19,57,77,83,87,106,
　　　139,149

桓武朝　109

黄鸿剑　7

黄籍　126

黄烈　115

黄约瑟　68,143,159

回鹘　14-16,70

会盟　16,45,59,60,62,63

獩貊　103,104

J

鸡林　161

鸡林州都督　16,56

羁縻　4,5,12,16,18,24,48,
　　　149

羁縻体制　5,16

羁縻政策　149

羁縻州　11,16,56

继体天皇　74

菅泽庸子　108

贱民　140

鉴真　　152

江田船山古坟　　36,74

角林文雄　　37,80

羯　　114,116

今西龙　　143

金春秋　　48,49,51－53,56,137

金发根　　128

金铉球　　45,46,50

金子修一　　67,70,77,84,89,93

津田左右吉　　79

近江令　　134

井上光贞　　31,36,43,44,46,
　　79,81

井上秀雄　　26,51,58,120

敬问　　67,69,70,82,83,92－
　　94,104,106,107

酒寄雅志　　98,100,101,104,
　　108,109

舅甥关系　　16,100,104

巨势邑治　　84

绝域　　16,17,87

均田制　　1,2,140

君子之国　　86

L

莱州　　54,153

赖肖尔　　143

乐浪郡　　29,33,119,120,123

乐浪郡王　　16,47,123,137

礼义之国　　84,86

李炳鲁　　145

李成市　　5,36,73,76,98,102,
　　113,122

李少贞　　148,154,156

李延孝　　159,160

李正己　　19,147,153

理方府格　　137

隶民　　149

栗原朋信　　72,92

栗原益男　　15,16

两面外交　　25

辽东郡　　24,25,47,119,121

邻国　　5,48,59,66,77,82－85,
　　87,93,94,105

林纪昭　　136

林士民　　158

林宗相　　58

铃木靖民　　49,59,63,66,68,
　　82,104,107,162

铃木英夫　　43,44,56

铃木治　　60,66

刘德高　　60－63

刘仁轨　　59,60,63

刘仁愿　　59－61,63－65,82

刘三黎　　116

刘希为　　143

刘永智　　143,161

留学僧　17,18,45,55,61,77,
　　　107,143,151,158

留学生　17,18,38,43,44,49,
　　　52,58,66 – 68,77,
　　　143,151

流民　11,17,113,116 – 119,
　　　122,123,125 – 131,133

卢泰敦　105

律令　5,7,13,14,17,41,59,
　　　61,68,78,81,84,104,
　　　134 – 137,139 – 141,157

律令制　4,5,7,10,12,24,41,
　　　88,134,139 – 141,160

罗香林　90

M

茂在寅男　70,91

明州　152,158,159,161,162

摩尼教　18

靺鞨　16,25,28,29,87,98,
　　　104,140

木宫泰彦　159

慕容跳　120,128 – 130

慕容庑　120,127,128

N

那波利贞　79,97

南朝　6,14,71,74,119,123,
　　　124,126,127

南渊汉人请安（南渊请安）
　　　38,49

南越　69

南诏　13,14,70,138 – 140

内藤俊辅　143,146,150

内田吟风　115

鸟山喜一　103,105,109

奴婢　140,141,152 – 154

P

裴矩　32 – 34,40,47

裴世清　36 – 38,72,75 – 77

毗昙　49,51,137

品部　140

平群广成　85

平壤　39,48,65,81,120 – 122,
　　　136

蒲生京子　145

Q

齐陈骏　130

齐明天皇　56

旗田巍　10,58,99,160

启民可汗（突利可汗）　27,32,
　　　33,90,139

契丹　10,16,25,28,29,68,70,
　　　87,103,162

千金公主(大义公主)　26,27

遣隋使　1,31,36 - 38,41,42,
　　　44,71,72,75,78

遣唐使　1,17,19,31,37,38,
　　　44,47,51 - 56,58,61
　　　- 66,68,70,73,78,
　　　82 - 86,91,98,135,
　　　143 - 145,154 - 156,
　　　158,159,162

侨郡　126,127

侨郡县　126

侨县　126

秦氏　114

青木和夫　31

青社　161

清海镇大使　19,154,155

请益僧　144,159

泉盖苏文(盖苏文)　48,49,64

犬上君三田耜　44

R

仁井田陞　18,51,87,149

任那之调　38,50,51,57

日出处　35,37,70,72,73,77 -
　　　79

日没处　35,70,72,73

日野开三郎　147,152,153,
　　　160,162

儒教　3 - 5,12

入朝使　29

S

萨宝　18

三池贤一　51

三品彰英　76

三上次男　49,119,121

桑原骘藏　18,146,149

森公章　80,91

森克已　66

森田悌　104

沙钵略可汗　26 - 28,69

山口瑞凤　138

山内晋次　85,160

山崎宏　40

山田英雄　70,91

山尾幸久　31,43,46,50,59,61
　　　- 63

商船　19,124,142,145,147,
　　　151,156,160,162

上田雄　93,95

上田正昭　51,75,114

身份秩序　14,136

沈惟岳　87

生口　153

圣德太子 24,31,43,71-73, 75-77,79,86

圣武天皇 85

十七条宪法 37,41

石见清裕 18

石井正敏 92,93,98,99,102, 104,107,109,157

石母田正 43,49,57,62,75, 81,94

石原道博 72

石源华 7

守君大石 61,63

司马法聪 61,63

泗州 19,146

松田好弘 59,62,63,66,82,83

宋基豪 109

苏我入鹿 45,58

苏我氏 42,43,49,82

苏我虾夷 45

苏镇辙 74

肃慎 103,104,119,120

宿白 121

粟特 18,90

粟特人 14-16,18,142,143

粟田真人 84,86

隋 1,5,7-10,13,15,16,21, 23-43,45-47,58,69- 81,83,87-91,98,100, 104,105,113,124,129,133

-135,138-142,151

隋文帝 24,25,27,29,30,33- 35,40

隋炀帝 32-37,39,40,72- 76,78,139

岁赐 16

孙泓 8

孙荣健 93

孙兴进 86

隼人 17

T

太宰府（大宰府） 65,66,82, 83,92,107,154-158,159

泰始律令 136

汤浅幸孙 70,86,91

唐长孺 117

唐高宗 54,56,62,79,86

唐客 59,67,82,157,159

唐平百济碑 56

唐人 60,82,86,156-160

唐太宗 45,46,48

唐玄宗 84-86,150

藤间生大 17,23,113,143,151

藤原不比等 135

藤原河清 87,100,106

藤原镰足 49

藤原仲麻吕 108

天皇　　13,36,37,41,57,59,66,
　　　　67,71,73,76－83,85,
　　　　86,91－96,99,100,104
　　　　－107,135

天可汗　　14,90

天王　　37,80,81

天武天皇　　66－68,82,135

天下　　11,12,14,17,19,40,69,
　　　　74,75,77,80,90,130,
　　　　150

天智天皇　　50,57,59,66－68,
　　　　　　82,83,134

天子　　11,12,35－37,45,53－
　　　　55,69,70,72－75,77,
　　　　80,82,85,87,91,94,96

田村实造　　8,114,129

田令　　140

田中俊明　　121

町田隆吉　　115

佟寿　　120－122

突厥　　1,5,9,13－16,26－29,
　　　　32－35,47,62,68－70,
　　　　72,74,75,87,89,90,93,
　　　　94,98,104,139,141

土断　　127

土肥义和　　15

吐蕃　　1,5,13,14,16,68,70,
　　　　87,93,138

吐谷浑　　1,16,27－29,34

团　　3,11,23,40,61,65,107,
　　　113－115,118,121,125－
　　　128,130,131,133,139,
　　　140,144,147,148,150

团保　　148

团头　　147

推古朝　　13,24,27,31,36,37,
　　　　41－44,73,75,77－
　　　　82,91,105,138

推古天皇　　71

W

丸山裕美子　　97,107

莞岛　　19,145,154

万绳楠　　127

王贞平　　78

卫满　　118

尾形勇　　90,91

沃沮　　103,104

吴国　　124

吴松弟　　7,8,10

五岛列岛　　160

五台山　　143,144,158

五王时代　　13,36,37,75,80

坞壁　　125

武宁王陵　　13

武田幸男　　41,49,121,122,136

X

西岛定生　3－5,8,10,23,26,
　　45,66,70,75,78,
　　84,85,91

西海使　53

虾夷　17,45,55

下出积与　80

夏应元　51,54

鲜卑　8,40,114,116,120,131,
　　132

相里玄奖　48

小林惠子　61,66

小兽林王　135,136

小野妹子　36,38,72,75－77,
　　81

小野胜年　144,145,147,152,
　　155,157,159,160

小野石根　86

孝德天皇　50

新藏正道　63

新汉人日文（僧旻）　38,44,
　　49,52

新罗船　55,145,146,151,154
　　－156,158,159

新罗坊　18,19,143,146－150,
　　161

新罗馆　147,162

新罗王　16,47,49,56,58－60,
　　62,64,67,83,92,93,
　　105,137

新妻利久　93,100,102

兄弟关系　5,16

匈奴　5,12,69,70,72,89,90,
　　93,94,114－116

雄略天皇　13,74

熊津都督府　56,61,63

徐先尧　36,75,78,79

Y

押衙　106,144,146,154,161

岩井大慧　77

阎丈（阎长）　148,154,156

扬州　146,151,152,154,156,
　　158,161

养老令（养老律令）　93,135

药师惠日　44,54

野原四郎　114

伊吉连博德（伊吉博德）　55,
　　61,63,68

衣冠制　49,137

移民　10,11,17,58,67,74,
　　113,114,116,118,119,
　　121,122,125－128,
　　131,133

义成公主　27

义慈王　49,51,53,56

义湘　151

挹娄　103,104

鄞水　161

隅田八幡神社　74

玉井是博　153

袁文璧　158

圆仁（慈觉大师）　1,18,19,
　　143 – 148,150 – 152,154 –
　　156,158 – 161

圆载　158,159

圆珍　157,159,160

越智重明　127

越州　55,56,84,87,156

Z

杂户　132,133,140

增村宏　38,73

张保皋（张宝高、弓福）　19,
　　145,148,153 – 157,160,
　　162

张九龄　15,84,85

张咏　144,145,147

沼田赖辅　93

赵宝英　86

赵和平　79,97

争礼　44,45,82,91

正始律令　135

郑孝云　59,62,63

直木孝次郎　66,67,82,83

志田不动麿　76

治外法权　148 – 150

中臣名代　85

中村裕一　72,93,94,100

中大兄皇子　49,50

中华　2,4,6,7,10,11,17,19,
　　28,33,34,37,45,55,74,
　　78,85,86,92,94,104,
　　109,113,118,149

中见立夫　9

中田薰　18,149

周宁　7

周一良　97,118

朱子奢　47

竹内理三　97

佐伯有清　107,109,121,145,
　　155,157

佐藤长　34